Theophrasts Abhandlung von den Steinarten.

Aus

dem Griechischen übersetzt

und

mit Anmerkungen begleitet

von

Carl Schmieder,

Doktor der Phil. und Mag. der freyen Künste, ordentlicher Leh-
rer am Gymnasio zu Halle, Mitglied der Hallischen Natur-
forschenden Gesellschaft und der mineralogischen So-
cietät zu Jena.

Freyberg, 1807.

in der Craz und Gerlachschen Buchhandlung.

Vorrede.

Theophrast verdient von unsern Mineralogen deutsch gelesen zu werden, denn seine Schrift Περι λιθων, die er zufolge seiner Angabe §. 53. etwa 225 Jahr vor unsrer Zeit-
rechnung schrieb, muß als die erste und älteste
Mineralogie angesehen werden, und doch ist er
unstreitig unter den alten Naturkündigern der
Sachkundigste. Schon der Scharfsinn, der
aus seinen, freylich oft falschen, Raisonne-
ments hervorleuchtet, macht ihn achtungs-
werth und er sagt in der That vieles, was
man in den besten Schriften der Neuern wieder findet, wenn man seine Ausdrücke mit unsrer Kunstsprache vertauscht.

* 2

Ich

Ich habe diese Uebersetzung schon vor der Herausgabe meiner Lithurgik zu deren Behuf in Dresden gemacht. Seitdem verglich ich die verwandten Stellen aus Plinius, Aristoteles, Dioskorides, Vitruv, Galen, Epiphanias und Antigonus, woraus die beygefügten Anmerkungen entstanden sind, die, wie ich hoffe, einige Uebersicht der Mineralogie der Alten gewähren, so weit nämlich der Text des Theophrast Gelegenheit dazu gab.

Das ists, was ich leisten wollte. Da ich übrigens nicht als Philolog, sondern für die Mineralogie arbeitete: so habe ich Vieles übergehen können und müssen, was die Gelehrten über den Theophrast geschrieben haben. Man erlaube mir nun noch einige beyläufige Worte über andre Gegenstände, welche mir hier, da, ich einmal öffentlich rede, besser als in Zeitschriften angebracht scheinen.

Zuerst halte ich für meine Pflicht, eine Frage zu berühren, über die ich gerade Auskunft

kunft geben kann. In **Gilberts Annalen**
1805. St. 8. S. 491 fand ich eine Abhandlung
des Hrn. **Chenevir** über die **Hallische Thon-**
erde, worin er die Vermuthung aufstellt, daß
jene wohl ein Kunstprodukt seyn und von einer ehemaligen Zersetzung des Alauns durch
Kalk im Laboratorio der alten Waisenapo-
theke herrühren möchte. Seine Gründe sind:
1) die Nähe des Fundorts an dem ehemaligen
Laboratorio; 2) die mit der Erde oft vermeng-
ten Gypskristallen und 3) das alleinige Vorkommen der Erde in der Oberfläche des Bo-
dens. — Auch ich glaubte ehemals an ihren
künstlichen Ursprung; aber vor mehrern Jahren
schon fand ich die Sache bey näherer Untersu-
chung anders. Der angeführte dritte Grund
findet nicht statt, denn die Thonnieren liegen
niemals in der Dammerde, sondern 1 bis 2 Ellen
tief in Thonmergel, unter der Dammerde und
über einem Braunkohlenlager. Der zweyte
Grund deutet wohl allerdings auf eine Zersetzung des Alauns durch Kalk (wie auch der
beygemischte Ocker auf mitzersetzten Vitriol)

* 3

aber

aber nicht gerade auf eine künstliche; sondern es konnten auch natürliche Alaun- und Vitriolwasser durch den Kalk des Mergels beym Durchseihen natürlich zersetzt werden, und in diesem Falle wäre die Nierenform des Niederschlags erklärlich, nicht im erstern. Der erste Grund endlich beruht auf einer irrigen Voraussetzung, denn der Umkreis des alten Laboratorii ist keinesweges der einzige Fundort. Man hat sie längs der Steinstraße unter denselben Umständen gefunden, aber in dieser dicht überbauten Gegend ist mir keine gute Gelegenheit, weiter nachzugraben. Ausserdem habe ich ebendieselben Thonnieren $1\frac{1}{2}$ Stunden von Halle und gewiß 2 gute Stunden von dem bekannten Fundorte, nämlich in der Lehmgrube des Dorfs Morl an der Magdeburger Chaussee gefunden, wo sie, ebenfalls mit Fraueneis und Ocker gemengt, in einem gelblichen Mergel über dem Ausgehenden eines schwachen Braunkohlenlagers liegen. Hier ist gewiß an keinen künstlichen Ursprung zu denken, wohl aber an Alaunwasser, die wegen verwitternder Kiese

öfters

öfters in Braunkohlenlagern entstehn und in Mergelboden zersetzt werden müssen. Bey meiner Anwesenheit in Freyberg habe ich Hrn. Inspekt. Hoffmann Proben von der Mörler Thonerde für das Kabinet der Akademie mitgetheilt, wo man sie wird vergleichen können. Auch bin ich gern erbötig, Auswärtige, die es wünschen, damit zu versehn.

Herr de Luc hat gegen meine Antwort auf sein Abregè (Lith. II.) eine neue Schrift (Geologische Beantwortung ꝛc. Braunschw. 1805.) herausgegeben. Ich habe sie gelesen, allein ich finde in der That nichts darin, was ich in meiner ersten Antwort nicht schon erörtert hätte; ich würde also eitel scheinen, wenn ich dem ehrwürdigen Greise das letzte Wort nicht lassen wollte. Darum nur wenige Worte für diejenigen Leser, welche etwa eine Vertheidigung von mir erwarten möchten. Der Hauptinhalt der Streitschrift zerfällt in drey Punkte. 1) Einen allgemeinern Vorwurf von meiner Seite erwiedert Herr de Luc durch die Anklage:

ich

ich kenne seine besten Schriften nicht, worin er sein System deponirt habe. — Wenn ich sie gelesen habe, so verdiene ich kein Lob, denn ich habe nur mein Vergnügen besorgt. Kennte ich sie nicht, so hätte ich allerdings das Recht verlohren über sie zu schreiben; allein das habe ich weder je gethan, noch thun wollen, denn ich vertheidigte nur meine Geognosie gegen seinen Angriff. 2) Herr de Luc äußert überall, sein geologisches System sey so vollkommen begründet und ausgeführt, daß es ferner nur scibile sey. In dieser Ueberzeugung würde ihm jeder objektive Gegner subjektiv null seyn; also ist jeder Wortwechsel darüber zwecklos. Auch ich, wiewohl ich kein System, sondern einen kühnen Entwurf dazu gegeben habe, erkenne jetzt kein Endurtheil über ihn an. Er stimmt mit unsern jetzigen Erfahrungen und Ansichten: wohlan! wir wollen erwarten, ob er in Zukunft stimmen wird. 3) Herr de Luc klagt sehr, daß ich mich eines schneidenden Spotts gegen ihn bedient habe. Wenn dem so ist, wie konnte er nach dem pomphaften, vor dem Siege

trium-

triumphirenden und alles wegwerfenden Tone
seines Abregè, über den ihm schon Reimarus
vergebens ein ernstes Wort gesagt hatte, ein
anderes erwarten? Machtsprüche zu erwiedern,
war ich nicht alt genug; es blieb mir also
nichts als Gründe, und Gründe in heiterm
Gewande nennt man Spott. Hätte mir Herr
de Luc kalt und mit Anstand gründliche Ein-
würfe gemacht, so würde ich es für Ehre ge-
achtet haben, ihm ernst und bescheiden zu ant-
worten. Allein er bot mir Sophismen und
bediente sich beleidigender Kunstgriffe, das
Publikum zu gewinnen. Auf allen Seiten
wiederholte er die Notiz, daß ich jung sey (ich
war 25 Jahr alt, als ich die Geognosie ausar-
beitete), denn er wußte, daß der große Theil
der Leser, der in der Jugend nichts getaugt
hat, auch keine Achtung für sie hegt; daß Recensenten zuweilen von dergleichen verleitet werden, bequem über Schriften abzusprechen, ohne
sie zu lesen; daß der Schriftsteller, der einmal
öffentlich jung genannt wird, nicht selten zu ewi-
ger Jugend verdammt ist, und daß der unacht-

same

same Litterator sich ihn noch unbärtig denkt, wenn er schon zahnlos wird. Ein Gelehrter von gegründetem Rufe hätte großmüthig und schonend gegen den verfahren sollen, den er jung glaubte; aber im Gegentheil erlaubte sich Herr de Luc Derbheiten, die einem Diktator der Gelehrtenrepublik nicht anstehen würden, die er aber dem jungen Manne ohne Ruf bieten zu können glaubte, — um öffentlich den Ton gegen mich anzugeben.

Dies ist jedoch ganz fehlgeschlagen. Ich habe das Glück gehabt, daß meine Schriften von Männern beurtheilt wurden, die ohne Ansehn der Person die Sache richteten, und mir oft Zufriedenheit bezeigten, wenn auch ihr Privaturtheil mit dem meinen nicht stimmte. Nur ein gewisser Az, der meine Schriften in den letzten Jahrgängen der Berliner Bibliothek angezeigt hat, machte sich Hrn. de Luc's Winke trefflich zu Nutze. Ohne Consequenz und Billgkeit, Beleg und Grund, kurz so, wie der Tadel dem Getadelten gute Laune macht,

spricht

spricht er über ungelesene Bücher ab. Ich darf mich deshalb nicht beklagen, denn bey Zeitschriften, wo die Mitarbeiter schon auseinander gehen, kann der Redakteur billigerweise nicht kavent seyn, weil er die Recensenten nehmen muß, wie sie zu haben sind. Wenn etwa Jemand nach einer von der Welt abgesonderten Zubußgrube verschlagen wird, so treibt ihn die Langeweile zu hohen Dingen an. Er schreibt dem Vetter in der Stadt, er solle ihn in einer Leihbibliothek, oder wenn das zu viel kosten würde, in einem Recensirinstitut unterbringen, damit er doch zuweilen was neues zu sehn bekommen möchte. Der Redakteur freut sich der neuen Hülfe, der Kontrakt ist geschlossen; die Lesehefte aus tiefem Staube auferweckt und ein neues System dazu gekauft. Frisch an die Arbeit! Was im System nicht steht, und alle neue Gedanken, die nicht mit der Schule fortlaufen, sind falsche Ansichten. Wen einmal Tadel traf, auf dem ruht ein verzehrender Fluch; aber die Herrn Collegen lobt man extra. Ist der Verfasser eines

Buchs

Buchs hoch angestellt, so ist seine Arbeit ein
Meisterstück, ein nie gesehenes Wunder; ists
aber etwan ein junger Mann, wie der Vetter
schreibt, dann heißt es: schlechter Extrakt aus
guten Büchern. Da wird denn blos der Ti-
tel und der vorgedruckte Inhalt flüchtig abgeschrieben, irgend ein paar Zeilen aus dem Context gerissen und mit Signis exclamandi ver-
brämt, bis eine Oktavseite herauskommt —

Halle, zu Ostern 1806.

Theo-

Theophrasts Abhandlung
über
die Steinarten.

§. 1.
Begriff der Steinarten.

Die Erzeugnisse der Erde haben theils die Natur des Waſſers, theils die der Erde. Zu den erſtern gehören die metalliſchen Subſtanzen, a) als: Gold, Silber und dergleichen; die erdigen Maſſen aber ſind: die Steinarten, die Edelſteine b) und die Erd-arten ſelbſt, welche ſich durch mancherley Eigenſchaf-ten, als: Farbe, Glanz oder Dichtigkeit, oder durch eigenthümliche Kräfte auszeichnen. Von den Metallen habe ich anderswo c) gehandelt: jetzt wen-de ich mich zu den Steinarten.

Anmerk. a) Dies ſcheint ſich beſonders auf die Schmelzbarkeit der Metalle zu beziehen, welche allein ſie
mit dem Waſſer oder Eiſe gemein haben. Die
Schmelzbarkeit der Erdmiſchungen war damals, wie
unten aus §. 44. erhellen wird, noch nicht bekannt
genug, als daß ſie obigen Unterſcheidungsgrund hätte

aufheben können. Demnach würde der sonderbar klingende Anfang unsres § traterminirt, also lauten: Die Fossilien sind entweder schmelzbar oder unschmelzbar. Daß nur dieses der wirkliche Sinn des Autors sey, wird deutlicher aus dem 9ten § erhellen, wo er von der Schmelzbarkeit der Gangarten redet.

b) Wenn Theophrast vorher nicht die Schmelzbarkeit der Metalle im Sinne gehabt hätte, so würde er ohne Zweifel eher den Edelsteinen, als jenen, eine wäßrige Natur beygemessen haben, denn weiter unten erklärt er _sie_ für Absetzungen des Wassers. Die Zusammensetzung der Edelsteine aus erdigen Stoffen war im Gegentheile, obgleich im Allgemeinen richtig, doch zu seiner Zeit eine gewagte Hypothese.

c) In einer verlohren gegangnen Abhandlung „περὶ μετάλλων" die, nach den Citaten des Plinius zu urtheilen, wahrscheinlich stärker und ausführlicher als diese war.

§. 2.

Ursprung der Steinarten.

Man muß sich im Allgemeinen vorstellen, daß die Steinarten aus reinen und gleichförmigen Flüssigkeiten a) entweder für sich, b) oder beym Durchseihen c) derselben durch eine fremde Masse entstanden sind. [Sie können aber auch auf andre Weise gebildet werden, wovon ich anderswo Beyspiele gegeben habe; denn die Entstehungsarten sind sehr verschieden. d)] Davon sind denn die Glätte, Dichtigkeit, der Glanz, die Durchsichtigkeit und andre Eigenschaften

ſchaften e) der Steine herzuleiten. Je gleichförmiger und reiner der Urſtoff war, und je regelmäßiger
die Bildung erfolgte, deſto mehr ſind auch den Pro-
dukten jene Merkmale eigen.

Anmerk. a) Der Verfaſſer hatte damals noch keinen
Ausdruck für dieſen guten Begriff. Nach unſrer Terminologie würde er ohne Zweifel für „reine und gleich-
förmige Flüſſigkeiten“ geſagt haben: chemiſche
Auflöſungen.

b) Für ſich, das heißt: bey ungeſtörter Ruhe der
im Schoos der Erde eingeſchloſſenen Auflöſungen.
Er meynt hier die unter dem Waſſer abgeſetzten
Tupharten und andre Coagulationen auf naſſem
Wege.

c) Ich hätte hier den Ausdruck Διηθησις am paſ-
ſendſten durch: Infiltration überſetzen können,
wenn es nicht geſchienen haben würde, als wollte ich
meinen Autor traveſtiren. Mehrere Stellen, z. B.
ɢ. 26. zeigen, daß er die Infiltration der Neuern
meynte. Im Gegenſatz der Tupharten zielt er hier
auf die in Höhlen abgeſetzten Sinter und auf die
kryſtalliniſchen Gangarten.

d) Der Contert lehrt, daß dieſe Periode eine Parentheſe ſey, die mit dem Folgenden in gar keinem
Zuſammenhange ſteht, ſondern das Vorige berichtigen ſoll. Theophr. will nicht geſagt haben, daß alle
Steinarten durch Kryſtalliſation aus Auflöſungen ent-
ſtünden, ſondern nur die wirklich kryſtalliniſchen, von
welchen er im Folgenden vorzüglich handelt. Mit
den andern Entſtehungsarten deutet er auf die mörtel-
artig gebildeten Gebirgsarten.

A 2

e) Die

4

c) Die angeführten Merkmale sind die der Krystallisationen und der folgende Punkt enthält das Gesetz
der Krystallisation, wodurch das noch mehr bestätigt
wird, was vorhin zur Erläuterung des § gesagt worden ist.

§. 3.
Bildungsarten der Steine.

Die Anhäufung dieser Körper wird theils durch
die Hitze, theils durch die Kälte bewirkt; auch können einige durch beyde entstehen. a) Ueberhaupt
scheinen die Erdarten durch Feuer zu erhärten. b)
Uebrigens werden alle Mineralien durch jene entgegengesetzten Kräfte bald gebildet, bald aufgelöst. c)

Anmerk. a) Nur mit dem Vorigen zusammengenom-
men kann dies einen, und zwar folgenden, Sinn geben: Die Auflösungen werden entweder durch Abdampfung, oder (wenn sie warm gesättigt waren)
durch Abkühlung zum Anschießen gebracht, und
im letztern Falle geschieht es oft nach vorhergegange-
ner Abdampfung. — Der Gedanke ist gut chemisch,
wird aber durch Mangel der Kunstwörter entstellt.

b) Nämlich die nicht krystallinischen Gebirgsarten,
von denen in der Parenthese des vorigen § die Rede
war.

c) Genau genommen giebt es wirklich keine andern Umbildungskräfte für das Mineralreich, als
Hitze und Kälte. Alle nasse Auflösungen, Schmel-
zungen, Verflüchtigungen, Krystallisationen, Verwit-
terungen u. s. w. haben doch nur Ortsveränderung des
Wärmestoffs zum Grunde.

§. 4.

§. 4.

Eigenschaften der Steinarten.

Viele Steinarten haben ihre Eigenthümlichkeiten, denn nach der Beschaffenheit ihrer Urstoffe sind sie auch in der Farbe, Härte, im Anfühlen und in der Dichtigkeit verschieden. a)   Einige werden der Seltenheit wegen vorgezogen.   Ausserdem unterscheiden sie sich noch dadurch, daß einige gewisse Wirkungen oder Verwandlungen hervorbringen, andre nicht. Einige sind schmelzbar, andre feuerfest; einige brennbar, andre unverbrennlich; auch verhalten sich jene im Glühen und Verbrennen sehr verschieden.   Einige sollen ein Wasser von ihrer eignen Farbe geben, wie der Smaragd b); von andern sagt man, daß sie Alles, was man auf sie legt, in Stein verwandlen c).   Einige haben anziehende Kraft und andre dienen zur Prüfung des Silbers, wie der sogenannte Herkulische Stein d) und der lydische Stein e).

Anmerk. a) Es klingt sonderbar, wenn man hier den Verfasser, vor aller Analyse, von charakterisirenden Bestandtheilen reden hört. Wahrscheinlich schloß er nach Analogie der ihm bekannten metallurgischen Erfahrungen.

b) Wenn man diesen Satz mit dem vorigen verbindet, so scheint er zu sagen: der Smaragd gebe im Schmelzen ein grünes Glas, und es würde nichts auffallendes seyn, daß der Autor dasselbe Produkt der Schmelzung, welches wir Fluß nennen, mit dem ähnlichen Worte: Wasser bezeichnet habe; allein nach dem, was weiter unten, §. 23. vom Smaragd

vor»

vorkommt, scheint eine andre nicht so nahe liegende Erklärung die richtigere zu seyn.

c) Man sieht leicht, daß hier von den Inkrustationen mineralischer Quellen die Rede sey, aber dunkel. Plinius (l. 36. Cap. 17.) erzählt dieselbe Fabel, setzt aber auch weiter nichts hinzu. Wenig deutlicher schreibt Antigonus (hist. mirab. cap. 150.) daß der Fluß Muabis in Pamphilien hineingeworfnes Moos (ςοιβη) in Stein verwandle. Man scheint also jene Quellen nur vom Hörensagen gekannt zu haben. Diejenigen, welche das Phänomen selbst beobachtet haben mochten, fielen natürlicherweise zuerst nicht auf den Gedanken, daß ein klares Wasser den Stoff zu festem Stein enthalten und hergeben könne; sondern es war ihnen leichter zu glauben, daß der Tuph dieser Quellen, der aus inkrustirten Vegetabilien bestand und sich immer mehr anhäufte, wirklich fortwachse und aus eigner Kraft hinzugethane fremde Körper versteinere.

d) Hier hat der Autor zwey Sätze in einander geschoben, die getrennt, also lauten würden: Einige haben anziehende Kraft, wie der Herkulische Stein; andre prüfen das Silber, wie der Lydische Stein. Theophrast erlaubt sich diese Zusammenschiebung, weil er die Anziehung des Magneten zum Eisen mit der Eigenschaft des Lydischen Steines, Silbertheilchen anzuziehen, oder metallischen Strich vom Silber anzunehmen, vergleichen will. Uebrigens darf uns diese Zusammenschiebung nicht verleiten, den Herkulischen und Lydischen Stein für einen und denselben zu halten, denn der erstere Name kommt in den Schriften der Alten nur dem Magnet zu, ohne Zweifel wegen seiner herkulischen Kraft, Eisenmassen zu

heben,

heben, ohne zu ermüden. Plato sagt im 1on Dialog (Zweybr. Ausg. Bd. IV. p. 186) „der Stein, welchen Euripides den Magnet, die meisten aber den herkulischen Stein nennen —". Auch Galen (im 9n Buche d. einf. Arz.) und Plinius (im 36ten Buche cap. 16.) führen die Namen Magnetes, Herculius, Heraclius und Sideritis als Synonyme auf. Dem ungeachtet sagt Plinius anderwärts, bey Beschreibung des Probirsteins (lib. 33. cap. 8.) wo er unsre Stelle des Theophrast und §. 42. flüchtig abgeschrieben hat, daß Einige den Probirstein Lydius, Andre Heraclius nenneten, wofür sonst keine Stelle zeugt. Auch Dan. Furlanus, der die lateinische Version zur Heinsischen Ausgabe des Theophrast (Leyden 1613) gemacht hat, ist in denselben Lesefehler als Plinius verfallen, indem er unsre Stelle also übersetzt: aliis attrahendi vim esse, aliis auri et argenti experiundi, qualis Herculius seu Lydius lapis est. Hier hat er nun erstlich das Gold, wovon im Text nichts steht, aus seinem Beutel hinzu gethan, und dann hat er zweytens bey den Worten Ἡρακλεια καὶ ἡ Λυδη das και, welches den Unterschied beyder Steinarten deutlich genug anzeigt, ganz übersehn und den Artikel ἡ als Partikel η durch oder übersetzt. Dieser, oder Plinius trägt die Schuld, daß Karsten in seiner klassischen Preißschrift „über den Thonschiefer" (in Höpfners Magazin der Naturkunde Bd. 3. p. 215) anführt, man habe zu Theophrasts Zeiten den Probirstein Heraclius genannt.

e) Dieser Lydische Stein kann allerdings unser Probirstein oder Kieselschiefer gewesen seyn, worin ich dem gelehrten und eifrigen Commentator des Theophrast, Herrn Rektor Schwarze, keinesweges zuwider bin; wenigstens ist er nicht genug charakteri-

sirt,

firt, als daß man daraus etwas abnehmen könnte.
Auch paßt es auf den Kieselschiefer, wenn Plinius
den Lydius als längliche Geschiebe von 4 Zoll Länge
und 2 Zoll Breite beschreibt, die im Sonnenschein
(d. h. durch anfangende Verwitterung) geschickter zum
Probiren würden.   Nur muß man sich hüten, diesen
Lydius mit dem Goldprobirstein, den Theophrast
weiter unten §. 42. beschreibt, zu verwechseln, wie
Plinius gethan hat, indem er (l. 33. c. 8.) ganz wi-
dersprechende Beschreibungen compilirt.   Man ver-
gleiche meine Differtation E veterum mineralogia
aphorismi, Hal. 799. p. 30.   Ueber den Goldprobirstein mehreres unten bey §. 42.

§. 5.
Von Thiersteinen.

Die wunderbarste und größte Kraft muß denje-
nigen Steinen beywohnen, welche thierischer Erzeu-
gung sind, wenn dies anders keine Fabel ist.

Anmerk.   Ich habe diese Stelle eben so unbestimmt
übersetzen müssen, als sie im Original ist.   Vielleicht
redet Theophrast hier von den Blasensteinen,
welche die wundersüchtige Unwissenheit für Geburten
halten konnte.   Die Bezoarsteine der Ziegen am Cau-
casus, die Magensteine und andre ähnliche Coagulationen, welche bey Gemsen, Pferden, beym Rindvieh
u. s. w. entstehen, kann man damals sehr wohl gekannt haben.   Einige Uebersetzer, und unter ihnen
Plinius (l. 36. c. 18.) geben den hier gebrauchten
Ausdruck „των τικτων“ actiue durch: Steine,
welche gebären.   Wenn man diese Version zu-
laffen will, so müßte in der Stelle von denen Steinmassen

maſſen die Rede ſeyn, in welchen man lebendige
Fröſche, Kröten, Eidechſen, Schlangen und Würmer
eingeſchloſſen findet. Da dieſes Phänomen beſonders
in Marmor und Sandſtein vorkommt, die Griechen
aber in dieſen Steinarten für die Architektur und Bild=
hauerey unſtreitig noch mehr, als wir, gearbeitet ha=
ben, ſo darf man allerdings vermuthen, daß ſie daſ=
ſelbe ſchon gekannt haben mögen. Dieſe Erklärung
iſt ſogar wahrſcheinlicher als die erſtere, weil Theo=
phraſt daraus eine auſſerordentliche Kraft beſagter
Steine folgert.

§. 6.

Vom Gebrauch der Steinarten.

Die Eigenſchaften vieler Steinarten kennen wir
aus den Kunſtwerken. Einige wendet man an, um
Schriften darein zu graben, andre werden gedrehet,
geſchnitten oder geſpalten. Einige greift das Eiſen
gar nicht an, andre nur wenig. Auch in andern
Stücken ſind die Steinarten ſehr verſchieden und der
Reichthum der Natur bietet uns eine große Mannch=
faltigkeit derſelben in Farbe, Härte, Weichheit, Po=
liturfähigkeit u. ſ. w. dar.

Anmerk. Es werden in dieſem § drey Arten von Stein=
arbeiten berührt, als ſo viele den Alten nur bekannt
waren, die Steinmetzkunſt (Λιθοτομια, Lapi=
cidaria) die Steindrehkunſt (Τορευτικη, To=
reutice) und Steinſchneidekunſt (Γλυφη,
Scalptura); denn von der Steinſchleifkunſt wußten
ſie nur ſehr wenig. Die Lithotomi gruben In=
ſcriptionen mit eiſernen Griffeln in Marmor u. dergl.
Die Toreutae drehten Gefäße aus Marmor, Ala=

baster, Serpentin, Topfstein u. s. w. Die Scalpto-
res arbeiteten in alle Steinarten, die das Eisen nicht
angreift, mit harten Steinarten, vergl. §. 41. Mittelst derselben gruben sie in die vorher gespaltnen Steine entweder vertiefte Figuren (incisura, jetzt Intaglio)
oder erhabne Figuren (caelatura, jetzt Kameen), oder
sie gaben den Edelsteinen nur eine beliebte Form, z. E.
das Oval (Plin. lib. 37. c. 12).

§. 7.

Geographische Kenntniß der Steinarten.

Einige sind gewissen Gegenden eigen. Daher
spricht man von den Parischen, Pentelici-
schen, Chilschen, Thebaischen Steinbrüchen.
In Aegypten bey Thebe, wird ein schwarzer Alabastrit a) gebrochen. Der sogenannte Cherni-
tes ist dem Elfenbein ähnlich b) und von diesem soll
das Grabmal des Darius verfertigt worden seyn.
Der Porus ist dem Parischen Marmor an Farbe
und Härte gleich und unterscheidet sich nur durch seine
Glätte c), weshalb er von den Aegyptern zu Pracht-
gebäuden statt des Diazoma genommen wird.
Ebendaselbst kommt auch ein schwarzer, durchschei-
nender Stein vor, welcher Aehnlichkeit mit dem
Chier hat d). Anderwärts findet man wieder
andre Arten. e)

Anmerk. a) Unter diesem Namen sind wahrscheinlich
   alle drehbare Steinarten begriffen, denn ursprünglich
   ist αλαβαςρον eine gedrehte steinerne Salbenbüchse,
   so wie etwa die Jöblitzer Serpentineyer.

b) Wahr-

b) Wahrscheinlich im Wachsglanze, also etwa Speckstein, Seifenstein.

c) Λειοτης: Glätte, Schlüpfrigkeit. Der Agalmatolith hat diese, nebst der Farbe und Härte und Durchscheinung des parischen Marmors, dürfte also wohl unter dem Porus verstanden werden. Das Diazoma muß ein ganz ähnliches Fossil bedeuten, da dieser Name ursprünglich der Knochengallerte zukommt. Aus dem Context erhellt, daß das Diazoma sehr theuer war, also vielleicht ächter chinesischer Agalmatolith, mit deffen Figuren man die Zimmer verzierte. — Uebrigens übersetzt Plinius die Stelle vom Porus (lib. 36. c. 17.) also: Parioque similis candore et duritia, minus tamen ponderosus, qui porus vocatur. Ob er während des Abschreibens Λειοτης, laevitas mit levitas confundirte?

d) Der Chier-Marmor scheint ein dunkler Serpentin gewesen zu seyn, denn Plinius, indem er unsre Stelle des Theophrast (lib. 36. c. 17.) abschreibt, übersetzt so: Theophraftus autor eft, et translucidos lapides in Aegypto inueniri, quos Ophitae similes ait. Den Ophit beschreibt Plinius aber (lib. 35. c. 7.) völlig so, daß er unserm Serpentin entspricht.

e) Der Inhalt dieses §. scheint auf den ersten Anblick keinen Zusammenhang zu haben, woran nur die gedrängte Kürze schuld ist. Im Ganzen will Theophraft sagen, daß die Kenntniß des Geburtsorts kein sicheres Kennzeichen abgeben könne, die Steinarten zu unterscheiden, denn es fänden sich an den entlegensten Orten Steinarten, die im Aeußern wenig oder gar nicht verschieden wären. Daß dies der eigentliche

liche Sinn sey, bestätigt der Anfang des folgenden
§. noch mehr.

§. 8.

Vom Vorkommen der Steine.

Dergleichen Eigenschaften a) kommen, wie gesagt, mehrern Substanzen zu; aber die, welche sich
auf gewisse Kräfte beziehen, sind nicht mehrern gemein. Auch in der Menge und Größe haben einige
Eigenthümlichkeiten, denn der Smaragd, der
Sarder, der Karbunkel, Sapphir und
alle die Steinarten, welche zu Siegelringsteinen geschnitten werden, sind selten und klein. Einige findet man nur in den Rissen der Gebirgsarten b).

Anmerk. a) Nämlich die äußern, lithurgischen und geo-
graphischen Kennzeichen. Er konnte nicht anders
sprechen, weil man von der Charakteristik, d. h.
von der Summe aller einzelnen Kennzeichen, die alle-
mal nur einem Individuo zukommt, vor Linne's Zeiten keinen Begriff hatte.

b) Er deutet hier auf die jetzt sogenannten em-
pirischen Kennzeichen, und unterscheidet ins-
besondere die Steinarten, welche nur parasitisch vorkommen, von den Gebirgsarten. Der letzte Punkt
betrift ohne Zweifel die Gänge und Gangarten.

§. 9.

Schmelzbarkeit der Steinarten.

Nur wenige Steinarten können verbrannt werden, von deren Eigenschaften und Verschiedenheiten
ich zuerst handlen will. Bey der Verbrennung
schmel-

schmelzen einige und fließen wie die Metalle. Eben
so fließen auch die Steinarten, welche mit den Erzen des Silbers, Kupfers und Eisens brechen, mit
ihnen im Feuer a), entweder, weil ihnen die Metalle
ihre wäßrige Natur mittheilen, oder für sich. Desgleichen schmelzen sogar die Kieselsteine und
Mühlsteine, die man zu Ofengestellen braucht b).

Anmerk. a) Die Gangarten schmelzen mit den Erzen
zu Schlacken, indem sie von den Erzen aufgelöst
werden.

b) Πυρομαχοι, kieselartige Gebirgsarten, und
μυλιαι, Sandsteine. Man kann aus dieser Stelle
schließen, daß man zu Theophrasts Zeiten schon die
Erzschmelzung im Großen in Schachtöfen und nicht-
blos mit Luppenfeuer betrieb.

§. 10.

Unschmelzbare Steinarten.

Man behauptet, alle Steinarten könnten im
Feuer geschmolzen werden, nur den Marmor a)
ausgenommen, denn dieser werde zu Pulver gebrannt.
Doch gilt das nur im Allgemeinen von den meisten
Marmorarten, denn viele reißen, zerspringen und
widerstehen dem Feuer so wenig als Ziegelthon.
Uebrigens ist jenes leicht zu begreifen, weil die Marmorarten ausgetrocknet sind, dahingegen die schmelz-
baren Steine Feuchtigkeit enthalten b).

Anmerk. a) Die hier angegebne Eigenschaft, und noch
mehr die folgende Einschränkung, beweisen, daß die
Alten nicht allein die weißen und farbigen Kalksteine,
sondern

sondern auch den Gyps und alle andre politurfähige
Steinarten zum Marmor gerechnet haben, wie schon
der Name desselben (von μαρμαιρω, glänzen) anzeigt.

b) Immer liegt hierbey, wie §. 1 und 9. die Meynung zum Grunde, daß das Wasser das Vehikel der
Flüssigkeit und die Ursache der Schmelzbarkeit sey.

§. 11.

Verwitterung der Steinarten.

Einige Steinarten trocknen ganz aus, wenn sie
von der Sonne beschienen werden, und dann sind sie
unbrauchbar, bis sie wieder angefeuchtet werden a).
Andre werden weich und mürbe b). Beydes geschieht offenbar durch Ausziehung der Feuchtigkeit.
Die dichtern Körper werden nämlich durch Austrocknen hart, die lockern aber mürbe c).

Anmerk. a) Er meynt hier die drehbaren Steinarten,
als Gyps, Topfstein, Serpentin und Marmor, welche nur frisch, so wie sie aus der Grube kommen, ge-
dreht werden können, an der Luft aber hart und sprö-
de werden. Ausgetrocknete Blöcke grub man in die
Erde ein, damit sie wieder feucht und geschmeidig
würden, so wie man noch heutiges Tages mit dergleichen Steinarten verfährt.

b) Das Zerfallen der mergelartigen Steine an der
Luft, worauf Theoph. hier zielt, ist allerdings eine
Entwässerung, so wie das Zerfallen derer Salze,
welche viel Krystalleneis enthalten.

c) Dieser §. scheint mit dem vorigen und folgenden in gar keinem Zusammenhange zu stehen. Auch

soll

soll er nur dazu dienen, die im vorigen §. gewagte
Hypothese über die Schmelzbarkeit einiger Steinarten wahrscheinlich zu machen. Diese Persuasion ist
in der Uebersetzung gar nicht zu merken, weil sie auf
einem griechischen Wortspiele beruht. Μαρμαιρω,
ich glänze, und μαραινω, ich trockne aus, werden
beyde von dem Wurzelworte μαρω oder μαιρω hergeleitet, welches das Beben der Hitze ausdrückt.
Daraus sieht man, wie Theophrast im vorigen §. sagen konnte, die Marmore wären unschmelzbar, weil
sie ausgetrocknet wären (welches ihr Name schon anzeige). Im 11 §. sucht er dann das Austrocknen
der Marmorarten auch durch ein lithurgisches Faktum
zu beweisen. Auch setzt er in derselben Absicht hinzu, daß einige (mergelartige) Marmorarten an der
Luft mürbe würden, denn μορος, μαρος, μερος,
μεργος, μαργος, die alle die Idee des mürben und
zerreiblichen andeuten, sind auch von μαιρω und μαραινω hergeleitet, wie denn auch die Worte marga
und Mergel oder Märgel denselben Ursprung haben.

§. 13.

Brennbarer Stein von Binä.

Einige zerbrechliche und schmelzbare a) Steinarten lassen sich anzünden und brennen lange Zeit,
dergleichen es in den Bergwerken zu Binä giebt b),
wo sie der Fluß herabführt. Wenn man Kohlen auf
sie wirft und darauf bläst, so brennen sie. Bald
glimmen sie dunkel, bald lodern sie wieder hell auf.
Man hat sie daher schon lange mit Nutzen angewendet, aber ihr Geruch ist sehr auffallend und häßlich. c)

Anmerk.

Anmerk. a) Die Worte „und schmelzbar‟ werden ge=
wöhnlich im Text zum vorigen §. gerechnet, aber da
sie dort gerade das Gegentheil von dem sagen wür=
den, was Theophrast sich zu beweisen ängstlich be=
müht, so habe ich mir erlaubt, sie hierher zu ziehen,
zumal, da sie dem hier in Rede befindlichen Fossile
als Eigenschaft zukommen.

b) Von demselben Fossil redet Antigonus (hist.
mir. c. 151.) etwas anders: „In Agrien, einer
Gegend in Thracien, ist ein Fluß, Namens Pontus,
welcher kohlenähnliche Steine in seinem Bette herab=
führt. Sie brennen zwar, aber ganz anders als die
Holzkohlen, denn wenn man sie mit dem Feuerwedel
anfachen will, so verlöschen sie, aber wenn man sie
mit Wasser besprengt, so brennen sie besser. Kein
kriechendes Thier erträgt ihren Geruch.‟ — Die=
ser Unterschied verdient aber kaum beachtet zu wer=
den, da man leicht nachweisen kann, daß die ganze
Stelle des Antigonus aus §. 12 und 13. des Theo=
phrast und aus einer Stelle des Aristoteles (ausc.
mirab. c. 125.) lüderlich compilirt ist.

c) Dieser §. handelt ohne Zweifel von einer Art
Steinkohle, denn Braunkohlen geben keine Geschiebe
in Flüssen, und die Schwerentzündlichkeit und Ver=
brennungsart passen übrigens auf erstere. Bind war
eine Stadt in Thracien und auch andre Schriftsteller
erwähnen, daß man die Steinkohlen zuerst in Thra=
cien entdeckt habe, wo sie wahrscheinlich durch ihre
Geschiebe verrathen, zuerst bergmännisch abgebaut
und in den Künsten angewendet wurden.

§. 13.

§. 13.

Selbst entzündliche Steinart.

Auch wird in den Bergwerken der sogenannte Spinus gefunden. Wenn man ihn zerschlägt, feinreibt und dem Sonnenscheine aussetzt: so entzündet er sich selbst, um so leichter, wenn man ihn etwas anfeuchtet.

Anmerk. Dieser Σπίνος ist vielleicht nicht mehr als eine stark mit Schwefelkies gemengte Steinkohle, so wie sie in den Alaunschiefer übergeht. Die Selbstentzündung derselben, wenn sie feucht und warm wird, ist kein Wunder mehr, seitdem man sie so fleißig zu Tage fördert. Daß die Entzündung durch Feinreiben und innige Vermischung der Kies- und Kohlentheile befördert werde, ist gleichfalls bekannt. Auch Antigonus sagt von demselben Fossile (c. 184.) „Ktesias erzählt, daß bey den Bottiäern in Thracien ein Stein gefunden werde, der sich im Sonnenschein entzünde. Sie brauchen ihn statt der Kohlen, um so lieber, da er seine Eigenschaft nicht verliert; denn wenn man ihn auslöscht, so kann man ihn auf dieselbe Art immer wieder entzünden.“ Es scheint demnach, daß man sich dieses natürlichen Pyrophors als Feuerzeug bedient habe.

§. 14.

Vom Liparischen Steine.

Der Liparische Stein wird durch Verbrennen so schwammig als Bimsstein, und verändert sowohl seine Farbe als die Dichtigkeit; denn vor dem

Verbrennen ist er schwarz, glatt und dicht. a) Er
entsteht im Bimssteine und ist in dessen zerstreuten
Zellen eingeschlossen. Man sagt, daß auf Melos
auch der Bimsstein in einem andern Steine entstehe;
dessen Masse ist aber von ganz andrer Natur und dem
Steine von Lipara gar nicht ähnlich. b)

Anmerk. a) Unter dem Liparischen Steine können zwey
  ganz verschiedne Fossile verstanden werden und ich
  wage es in Wahrheit nicht, mich bestimmt für eines
  derselben zu erklären. Sie sind: das Bergpech
  (schlackiges) und der Obsidian. Das schlackige
  Bergpech findet sich häufig in vulkanischen Ge-
  birgen; es ist fett im Anfühlen, was der Name
  (λιπαρος, fett) anzuzeigen scheint; es gehört zu den
  brennbaren Fossilien, von denen hier vorzüglich die
  Rede ist; es wird auch endlich durch Verbrennen in
  eine schwammige Kohle verwandelt. Der Obsidian entspricht eben so gut der im §. gegebnen Beschreibung; er findet sich namentlich in den Laven
  der Liparischen Inseln; er ist oft in Bimsstein ein-
  gemengt oder macht dessen Kern aus; er wird im
  Feuer durch eine dem Verbrennen ähnliche Zersetzung in einen wahren Bimsstein verwandelt, daher neuere Mineralogen den Bimsstein für ein Produkt aus Obsidian halten. vgl. §. 19.

  b) Hier ist vermuthlich ein Traß mit eingemeng-
  tem Bimsstein gemeynt, denn das Wort γινεται,
  entstebt, hat man hier, so wie in vielen andern
  Stellen, nicht anders zu verstehn, als daß der Bimsstein in dem Traß gefunden werde. vergl. §. 20.

             §. 15.

§. 15.

Andre Steinkohlenarten.

Auch der Stein, welcher bey Tetras in Sicilien, unweit Lipara gefunden wird, wird durch das Feuer zerstört. Er kommt auch am Vorgebirge Erineas häufig vor und hat Aehnlichkeit mit dem von Binä. Angezündet riecht er wie Pech und hinterläßt Asche im Verbrennen.

Anmerk. Wahrscheinlich sind hier einige Steinkohlen‐ arten gemeynt. Daß der Verfasser sie ungeachtet des angegebnen Verhaltens im Feuer nicht zu den guten Kohlen §. 16. rechnet, kommt wohl daher, weil man nur ihr verwittertes Ausgehende kannte, wo die Wellen des Meers es entblößten.

§. 16.

Von gegrabnen Holzkohlen.

Die sogenannten guten Erdkohlen gräbt man zum Gebrauche, denn sie brennen so gut als gemeine Holzkohlen. Man findet sie in Ligurien, wo auch der Bernstein gegraben wird, zu Elis und bey Olym‐ pia, wo sie weit durch die Gebirge fortstreichen. Die Schmiede bedienen sich ihrer gern.

Anmerk. Nur die gegrabnen Holzkohlen nannten die Alten gute Erdkohlen, denn die Braunkohlen kann‐ ten sie schwerlich und die Steinkohlen wußten sie nicht allgemein zu behandlen. Ein empirisches Kennzeichen für die Holzkohlen ist auch der hier er‐ wähnte Bernstein, der meistentheils nur in bitumi‐ nösen Holzlagern, selten in Braunkohlen vorkommt.

§. 17.

Entzündlicher Holzmulm.

In den Bergwerken zu Skaptesulá fand man einen Stein, der faulem Holze nicht unähnlich war. Wenn man ihn mit Oel übergießt, so entzündet er sich von selbst. Sobald das Oel verzehrt ist, hört auch die Glut des Steines auf, der übrigens unverändert bleibt.

Anmerk. Die Eigenschaften des hier beschriebnen Fossils kommen ganz mit denen des entzündlichen Braunsteinmulms überein, den man zu Winster in der englischen Grafschaft Derby gefunden und daselbst Black-Wadd genannt hat, wiewohl mir nicht bekannt ist, ob man diese in Holzgestalt finde. Die Wadd entzündet sich, wenn man sie mit Leinöl abreibt, in einigen Stunden und verbrennt zu einer braunen Schlacke, dagegen Theophrast irrig sagt, daß die seine unverändert bleibe. Der Fundort seines holzförmigen Braunsteinmulms, Skaptesulá, lag an der Küste von Thracien, der Insel Thasos gegen über. Die dasigen Bergwerke waren wahrscheinlich Kohlengruben auf bituminöses Holz. Auch in Italien fand sich eine ähnliche Substanz, welche Plinius (lib. 36. c. 18.) mit den Worten: Sabinum fuscum addito oleo etiam lucere andeutet. Die Erfindung der Eigenschaft hatte ohne Zweifel denselben Ursprung, als bey der Wadd, da man schon bey den Griechen und Römern die braunen Erden, so wie wir die Braunkohlen, Umbra und Braunsteinmulm, zu Oelfarben verwendete, welches aus einer Stelle des Plinius (lib. 32. c. 16.) erhellet: Experimentum ejus (Augelites, Umbra,)

fi cerae modo accepto oleo liquescat et fi ni-
gticans color maneat toftae.

§. 18.

Unverbrennliche Steinarten.

Ich habe bis jetzt die Verschiedenheiten der brennbaren Substanzen dargestellt; es giebt aber eine andre Gattung von Steinarten, welche aus ganz entgegengesetzten Stoffen gebildet zu seyn scheinen, da sie unverbrennlich sind, wie der Karbunkel, aus welchem man Siegelringsteine schneidet a). Er ist roth von Farbe und strahlt im Sonnenschein wie eine brennende Kohle. Er ist sehr kostbar, denn ein sehr kleiner kostet schon vierzig Goldstücke. Man erhält ihn von Karthago b) und Marseille c). Bey Milet findet man einen Stein, der eckigt und zuweilen sechseckigt ist, aber nicht strahlt. Dem ungeachtet hat man auch ihn Karbunkel genannt; aber das ist sehr sonderbar, denn er hat vielmehr die Natur des Demants d).

Anmerk. a) Der Karbunkel hat nach langem Inkognito neuerlich seinen Namen wieder bekommen, wiewohl er halb deutsch geworden ist, nämlich: Karfunkel. Der hier vom Theophrast beschriebne ist kein andrer als der jetzige (oder edle Granat) den er hier wegen des Namens und feurigen Scheins gleichsam als Uebergang zwischen die brennbaren und unverbrennlichen Steinarten stellt. Da er ihn übrigens Ανθραξ und Ανθρακιον nennt, weiter oben aber Ανθρακες und weiter unten Ανθρακιτες vorkommen; so wirft Plinius alle diese hochtheuer-

rogenen

zogenen Dinge in ein Fach zusammen (lib. 37. c. 7.)
und schreibt also Steinkohlen, schwarzen Jaspis u.
s. w. mitten unter die Karbunkelarten. Auch unter
diesen letztern hat Plinius, wie schon Hill (in der
englischen Uebersetzung des Theophrast) bemerkt,
außer dem Granat noch andre durchscheinende rothe
Steinarten, als den Carneol, den er aethiopischen
Karbunkel nennt.

b) Von Karthago führte der Granat später den Namen Carchedonius, der oft mit dem Chalcedonius
verwechselt worden ist. Ich finde nirgends einige
Nachricht, wie er daselbst gefunden und gewonnen
worden sey; man müßte denn aus dem Epiphanias
(de XII gemmis Aaron. cap. V. p. 5) etwas heraus conjecturiren. Er sagt nämlich: „man finde
den Karbunkel bey Karthago in Lybien; man könne
ihn bey Tage nicht sehen; aber bey Nacht leuchte er
wie Lampen oder Kohlen und werde so leicht gefunden." Angenommen, dies sey eine abergläubisch
verdrehte Nachricht, so könnte man vermuthen, daß
man den Granat nicht über Tage, sondern in
Gruben bey Lampenschein gebrochen habe.

c) Wahrscheinlich von den Alpen, die bis an die
Küste herablaufen. Plinius sagt davon etwas mehr,
(lib. 37. c. 7.) Massilia quoque importari (car-
bunculos) Bocchus et Olyssipone scripsit, ma-
gno labore ob argillam, sole adustis saltibus.
Der durch die Sonnenglut verhärtete Thon, aus
welchem man die Karbunkel mühvoll ausklauben
mußte, scheint auf einen verwitternden Serpentin
oder Glimmerschiefer zu deuten.

d) Dieses karbunkelfarbne, in sechsflächigen Säu-
len kristallisirte, aber undurchsichtige Fossil von Milet,

scheint

scheint ein kristallisirter Blutquarz oder rother Eisenkiesel gewesen zu seyn, wie der von Bristol oder St. Iago de Compostella. Bey der Vergleichung mit dem Demant ist zu bemerken, daß auch der Bergkrystall zu den Diamantarten der Alten gehört, wie man aus Plinius (lib. 37. c. 4.) deutlich sieht, wo er auch die sechsflächige Säulenform beschreibt, derentwegen Theophrast hier den Eisenkiesel mit dem Krystall vergleicht.

§. 19.

Vom Bimssteine.

Diese Steine kommen mir wegen des Mangels an Feuchtigkeit, wie der Bimsstein und die Asche vor; denn diese sind auch unentzündlich, weil die Feuchtigkeit schon aus ihnen gezogen ist a). Der Bimsstein scheint überhaupt durch gewisse Entzündungen zu entstehn, ausgenommen diejenige Art, welche sich aus dem Schaume des Meers erzeugt b). Der Beweis davon ist handgreiflich; denn man findet ihn in den Trichtern der feuerspeyenden Berge. Auch sieht man ihn aus dem liparischen Steine entstehen, welcher durch Verbrennen in Bimsstein verwandelt wird c). So wird ferner diese Entstehung dadurch bestätigt, daß man ihn sehr häufig am Aetna d) findet. Doch kann er zuweilen auch anders entstehen, denn die Bildungsarten sind sehr verschieden.

Anmerk. a) Dies soll eine Bestätigung für seine §. 1, 9 u. 10. gegebne Erklärung der Schmelzbarkeit und Verbrennlichkeit seyn, daß alle verbrennliche Körper Wasser enthalten und die Verbrennung eine Ausscheidung

scheidung desselben sey, welches er vielleicht aus der Wasserbildung bey Flammenfeuern schloß.

b) Die Bimssteine, welche von den Vulkanen auf die See geworfen, oder von Wasservulkanen ausgestoßen und nachher mit dem Schaume der See durchdrungen ans Land getrieben wurden, glaubte man aus diesem Schaume entstanden.

c) Hier steht eigentlich der Name Διαβαρος, den man sonst nirgends findet; es ist also wahrscheinlich ein Schreibfehler für Λιπαρειος, zumal da von diesem im 14ten §. dasselbe gesagt wurde.

d) Das Wort Aetna steht nicht im Text, sondern es ist da eine Lücke, die Salmasius και γαρ εν Αιτνη μαλιστα supplirt. De Laet übersetzt die Stelle so: nam in ardentibus locis potissimum pumex, welches wenigstens denselben Sinn giebt.

§. 20.

Fortsetzung.

Der Bimsstein von Nisyrus scheint aus Sand zusammengebacken zu seyn; denn man findet Stücken davon, die man in der Hand zu Sand zerreiben kann, weil sie niemals zusammengekittet worden sind. Man findet sie in Stücken, wie eine kleine Hand groß, so wie sie von den Bergen herabrollen a). Aus einem andern solchen Steine entsteht ein sehr leichter Sand, woraus beynahe die ganze Insel Melos besteht, wie schon erwähnt worden ist b).

Anmerk. a) Er führt den Bimsstein von Nisyrus bey Rhodus als ein Beyspiel neptunischer Entstehung

an,

an, wahrscheinlich weil sie eben so verändert waren
als die rheinischen.

b) Nämlich §. 14.

§. 21.

Schwarzer Bimsstein.

Die Bimssteine unterscheiden sich von einander
sehr durch ihre Farbe, Dichtigkeit und Schwere.
Was die Farbe betrift, so findet man in den Lava-
strömen Siciliens einen schwarzen Bimsstein a) der
so dicht und schwer als der Mühlstein ist. Man
schätzt diese Art mehr als alle übrigen b). Er kann
auch leichter gespalten werden als der weiße, am leich-
testen, wenn er aus der See kommt c).

Anmerk. a) Hier ist entweder die jetzt sogenannte
dichte Lava oder der häufig in Laven vorkommende Augit gemeynt. Das erste wird durch die
Vergleichung mit dem Bimssteine, in den die Lava
oft übergeht, das andre durch die Spaltbarkeit jenes Steines wahrscheinlich.

b) Man hat unter den geschnittnen Steinen der
Alten mancherley Lavagläser gefunden.

c) Wenn er nämlich durch Ablöschen in der See
zerklüftet worden war.

§. 22.

Andre Edelsteine.

So weit vom Bimssteine. Man kann über die
Natur der verbrennlichen und unverbrennlichen Substanzen, von denen bis jetzt die Rede war, in andren

Schriften

Schriften mehr nachlesen. Es giebt aber noch andre
Steinarten, welche man zu Siegelringsteinen verarbeitet. Einige unterscheiden sich von den vorigen
blos durch ihr äußres Ansehn, wie der Parder a),
der Jaspis b) und der Sapphir c) der wie mit
Gold getüpfelt ist.

Namen. a) Unser fleischrother Karneol, der dem Sarder auch etymologisch synonym ist. Uebrigens wird
Sardius bald von σαρξ, bald von Sardes, Sardi-
nien, Sardellen u. s. w. abgeleitet, cf. Plin. lib. 37.
cap. 7.

b) Zum Jaspis der Alten gehören alle die Steinarten,
die härter als Marmor, opak, buntfarbig und politurfähig sind, als: unser Jaspis, gefärbte Horn-
steine, Malachit u. s. w. Auch opak gefärbte Quarze
haben sie dahin gerechnet, Plin. lib. 37. c. 12.

c) Der Sapphir der Alten hat mit dem unsrigen
nichts gemein, wie denn der unsrige nicht zu Siegelringsteinen passen konnte. Jener ist vielmehr nach
der einstimmigen Meynung aller Alterthumsforscher
unser Lasurstein, denn überall wird er als blau
mit Gold gesprengt beschrieben, denn den Schwefelkies desselben hielt man für Gold, in welchem Irrthum aber Theophrast nicht war, denn er sagt nur
ωσπερ χρυσοπαςης.

§. 23.

Vom Smaragd.

Andre Steinarten aber unterscheiden sich von den
bisher beschriebnen durch gewisse eigenthümliche Kräfte, wie z. B. der Smaragd. Er theilt dem Wasser

ſer ſeine Farbe mit a). Der gute färbt es ganz, der
geringere nur wenig und der ſchlechteſte gar nicht,
denn dieſer hält die Farbe ganz an ſich. Dieſer iſt
aber ſehr heilſam für die Augen, daher man auch
Scheiben aus ihm ſchneidet, um hindurch zu ſehen b).
Man findet ihn nur in ſehr kleinen Maſſen c).

Anmerk. a) Vergl. §. 4. Anm. b) Die dort berührte,
mögliche Erklärung wird durch den hier gebrauchten
Ausdruck: „dem Waſſer mittheilt,“ verdun-
kelt. Es bleiben nun noch drey Vermuthungen
übrig. Die erſte rührt von Büffon her, welcher
glaubt, daß die erwähnte Färbung des Waſſers
durch den Smaragd nur eine optiſche Wirkung anzeige, indem das Waſſer wegen Brechung der Licht-
ſtrahlen über dem Smaragd grün erſcheine, welche
Wirkung freylich der Schönheit des Steines propor-
tional ſeyn müßte, wie Theophraſt anführt. Allein
es iſt alsdann nicht abzuſehn, warum Theophraſt
dieſes Phänomen, das alle gefärbte Körper hervorbringen, gerade dem Smaragd zugeſchrieben habe?
Die andre Erklärung wäre die, daß man unter dem
grünen Smaragdwaſſer die tinctura ſmaragdina
der Neuern verſtehen könne, welche bekanntlich eine
Ausziehung des Chromoxydes aus dem Smaragd
durch Ammoniakauflöſung war. (vergl. meine Lithurgik Th. 2. pag. 85) Zu dem Ende müßte man
vorausſetzen, daß Theophraſt unter dem Waſſer
Harn verſtanden habe, der im Zuſtande der Fäulniß
allerdings als Ammoniakauflöſung wirkt. Die
dritte Meynung iſt die, daß unter dem Smaragd
des Theophraſt nicht der unſrige, ſondern grüner
Flußſpath und mit Kupferoxyd gefärbter Gypsſpath
zu verſtehn ſey, wie man ſie in den Kupferbergwer-

ken

ten Kobalt. Diese sind allerdings in kochendem Wasser mehr oder weniger auflöslich und diese Meynung wird sehr wahrscheinlich, wenn man Plinius (l. 37, c. 5.) vergleicht. Die allermeisten dort beschriebnen Smaragdarten sind augenscheinlich grüne Flüsse aus Kupfergruben oder Malachit. Der letztere giebt mit Essig eine schöne grüne Tinktur, welches zu einer vierten Meynung Gelegenheit geben könnte.

b) Ich hätte gern statt „Scheiben" Brillen gesetzt, aber die Furcht, mehr hineinzutragen, als in den Worten liegt, hielt mich ab. Es ist auch wahrscheinlicher, daß man den in Rede begriffnen grünen Stein anfänglich nur platt anschliff, um durch seinen Anblick die Augen zu stärken, indem man, wie noch heute, glaubte, daß die grüne Farbe das Gesicht stärke. Plinius bestätigt dies a. a. O. mit den Worten: Scalpentibusque gemmas non alia gratior oculorum refectio est, et ab intentione alia obscurata, aspectu smaragdi recreatur acies. Zufällig kam man erst später darauf, die Scheiben hohl anzuschleifen, um die Lichtstrahlen zu sammlen und die Bilder zu verdeutlichen, wie Plinius ebendaselbst berichtet: Iidem plerumque concavi, ut visum colligant. — Nero princeps gladiatorum pugnas spectabat smaragdo. —

c) Dem Context nach geht dies nur auf die letztere, für Conservation der Augen gebräuchliche Steinart, nicht auf den Smaragd, der das Wasser färbte. Mit Recht erklärt Herr v. Veltheim auch diese wegen der Durchsichtigkeit, die der Gebrauch erforderte, nicht für unsern Smaragd, denn dieser würde das Auge eines Myopen nur noch mehr verderben, sondern für unsern Aquamarin.

§. 24.

§. 24.
Fortſetzung.

Doch wenn man den Lebensbeſchreibungen der
ägyptiſchen Könige Glauben beymeſſen ſoll: [ſo müſ-
ſen die Smaragde häufig und in großen Maſſen vor-
kommen] a); denn ſie ſchreiben: „daß ein babyloni-
ſcher König einen Smaragd von vier Ellen länge
und drey Ellen Breite zum Geſchenk eingeſandt habe.
Man habe dem Jupiter aus vier Smaragden einen
Obelisk errichtet, vierzig Ellen hoch, vier Ellen breit
und zwey Ellen dick‟ — ſo ſind ihre eignen Worte. b)

Anmerk. a) Das in Parentheſe eingeſchloſſene iſt eine
Lücke, die nach dem Zuſammenhange etwa durch
'εκ'ετωϛ in Bezug auf §. 23. ſupplirt werden muß.

b) Das paßt weder auf den Smaragd und Aquamarin, noch auf grüne Flüſſe. Nach Beckmann
(Marbodi lib. lap. p. 25) und Büffon (Hiſt. nat.
der Min. T. 6. p. 201) bezeichneten die Alten mit
dem Namen Smaragd überhaupt alle grüne, politurfähige Steinarten, ſo wie ſie die rothen unter
dem Namen ανθραξ begriffen. Demnach kann
der im §. erwähnte Obelisk aus grünen Serpentin,
grünem Marmor, grünem Jaspis oder Hornſtein be-
ſtanden haben. Vom grünen Flußſpath, ſo häufig
er vorkommt, findet man ſchwerlich ſo gewaltige
Maſſen, auch taugt er ſchlecht zu Monumenten.
Man hat gegen Büffons Meynung eingewandt, daß
die Etymologie des Wortes Σμαραγδος einen Edel-
ſtein anzeige, allein σμαρασσω oder μαρασσω,
ich funkle, glänze; kommt von demſelben Stamm-
worte μαρω her, von welchen Μαρμαρον abgeleitet wird. (vergl. §. 11. Anm. c) Alſo ſind Marmor

mor und Smaragd ursprünglich sinnverwandte Wör-
ter und die damit bezeichneten Steinarten unterscheiden sich vielleicht nur in der Farbe. Theophrast
hingegen, der sich vom Plinius und Andern durch
kritischen Sinn unterscheidet, nimmt den Smaragd
keinesweges in einer so weiten Bedeutung, sondern
versteht darunter nach seinem §. 2. aufgestellten Charakter der Edelsteine nur die kristallisirten grünen
Fossilien. Daher führt er obiges Citat als etwas
Zweifelhaftes an, weshalb ich es vom vorigen §.
ganz absonderte.

§. 25.

Andre grüne Steinarten.

Von den Edelsteinen, welche man Tanos
nennt a), befindet sich der größte zu Tyrus. Die
große Kuppel am Tempel des Herkules besteht nämlich daraus, wenn es nicht etwa ein unächter Smaragd ist, denn deren giebt es mehrere Arten. Der
unächte Smaragd hat besonders zwey bekannte und
besuchte Geburtsörter. Er kommt in den Cyprischen
Kupferbergwerken und auf einer Insel bey Karthago
vor, an welchem letztern Orte man aber auch ächte
findet. Hier bricht man ihn in ordentlichen Steinbrüchen b), aber auf Cypern bricht er in Gängen, die
sich mannichfaltig durchkreuzen. In den Cyprischen
Gruben findet man nur wenige von der erforderlichen
Größe, um Siegelsteine daraus zu schneiden. Die
meisten sind viel zu klein, und diese benutzt man daher zum Löthen des Goldes, wozu sie eben so brauchbar als die Chrysokolla selbst sind c). Man
glaubt

glaubt auch, daß sie mit derselben ganz übereinkommen; wenigstens haben sie dieselbe Farbe. Man findet die Chrysokolla zwar auch in Goldbergwerken, aber häufiger noch in und bey Kupfergruben.

Anmerk. a) Im Text steht ein verstümmelt aussehendes Wort: T — ανων. Furlanus ergänzt es durch Βακ Τριανων, weil Plinius unter diesem Namen eine Smaragdart beschreibt, allein Ebenderselbe hat auch einen Tanos (lib. 37. c. 5 gegen das Ende) an derselben Stelle, wo er unsre Stelle des Theophrasts sichtbarlich vor Augen gehabt hat. Er sagt da: Inseritur Smaragdis et quae vocatur Tanos, e Persis veniens gemma, ingrate viridis atque intus sordida. — Se (Theophrasto) autem scribente esse in Tyro Herculis templo stantem pilam e smaragdo, nisi potius pseudosmaragdus sit. — Also muß man wohl Tanos beybehalten. Uebrigens ist dieser Stein nach des Plinius Beschreibung vielleicht der grüne orientalische Türkis.

b) Wörtlich: wie andre Steine — welches eben das sagen will. Hier ist also wohl von grünem Serpentin, oder dergl. die Rede, weil er in ganzen Felsen anstand.

c) Der hier beschriebne falsche Smaragd war ohne Zweifel dichter Malachit; und die Chrysokolla, mit welcher er ihn vergleicht, ist unser Kupfergrün, keinesweges der Borax, wie Matthiolus in seinem Commentar zum Dioskorides lib. 5. c. 44. ohne allen Grund vermuthet. χρυσοκολλα heißt wörtlich: Goldloth. Um damit das Gold zu löthen, rieb man nach Plinius (lib. 33. c. 5.) das Kupfergrü grün mit etwas Gold und dem siebenten Theil Silber in einem kupfernen Mörser mit Knabenurin zusammen. Diese Mischung gab ein Metallgemisch, das leichtflüßiger als Gold seyn mußte.

§. 26.
Fortsetzung.

Der ächte Smaragd ist aber, wie gesagt, selten. Er scheint aus dem Jaspis a) zu entstehen, denn man will auf Cypern einen Stein gefunden haben, der halb aus Jaspis, halb aus Smaragd bestand, als wenn er noch nicht durchaus vom Wasser verwandelt worden wäre; denn er scheint immer durchsichtiger zu werden, was er anfänglich nicht ist b).

Anmerk. a) Unter dem Jaspis ist hier am ersten der gelbe, Iaspis fulva des Virgil, oder Pantherstein zu verstehn, der in diesem Falle mit grünem Jaspis, oder Plasma zusammenbrach. Auffallend ist es immer, daß man zu Theophrasts Zeiten schon aus dergleichen Uebergängen auf die Entstehung schloß.

b) Der hier erwähnte Einfluß des Wassers auf die wachsende Durchsichtigkeit der Steine bezieht sich auf die Διηθησις §. 2. Der Verfasser meynt nämlich, daß poröse Massen im Schoos der Erde durch durchseihende mineralische Wasser verdichtet und in Edelsteine verwandelt würden.

§. 27.
Vom Luchsstein.

Eben so merkwürdig ist der Luchsstein a) aus welchen man ebenfalls Siegelsteine schneidet. Er ist
so

so dicht als Stein, so elektrisch als Bernstein, und er soll nicht allein Heu und Holzspäne, sondern auch Kupfer- und Eisenfeilspäne an sich ziehen, wie Diokles sagt. Er ist vollkommen durchsichtig und besitzt ungemein viel Feuer b). Die vorzüglichsten kommen aus Wildnissen, auch sind die von männlichen Thieren besser als die von weiblichen. Ausserdem hat die verschiedne Nahrung und Lebensart, der Gesundheitszustand, die trocknere oder feuchtere Natur des Thiers großen Einfluß auf die Güte der Steine. Nur geübte Sucher können sie finden, denn wenn das Thier seinen Harn gelassen hat, so scharret es Sand darüber. Uebrigens ist der Luchsstein ziemlich schwer zu poliren.

Anmerk. a) Wörtlich: Λυγκυριος, Lynkurier. Die Fabel dieses Steines wird im §. deutlich genug erzählt, wiewohl er sie als bekannt voraussetzt.

b) Nach den angegebnen Merkmalen muß man unter dem Luchsstein der Alten einen dunkelgelben, harzigen Körper verstehn. Wahrscheinlich ist es der Harzkuchen, welchen die großen rothen Ameisen, die in Wäldern bauen, während des Frühjahrs vom Balsam der Baumknospen und von den Ausschwizzungen der Nadelhölzer zusammentragen. Man nennt diese Masse in Thüringen ihres starken Geruchs wegen: wilden Ambra. In wärmern Ländern, wo die Gewächse stärker ausschwitzen und die Harze dichter austrocknen, wird dieser Harzkuchen größer und schöner, so daß man ihn allerdings mit dem Bernstein vergleichen kann. In Wildnissen, wo die Ameisen mehr Stoff finden und ungestörter arbeiten, konnte das Produkt auch ansehnlicher werden, und nach Verschiedenheit der nahen Forstgewächse mußte auch das Harz verschieden ausfallen. Seine dunkle Harnfarbe war vielleicht ein Grund, daß man es vom Harn des Luchses herleitete. Ausserdem sollen auch die Luchse und mehrere andre Thiere, den starkriechenden Harzkuchen fleißig nachgehen, sie ausgraben und verzehren. Nun war es leicht möglich, daß Diejenigen, welche einen Luchs im Sande scharren sahen und nachher den entblößten Harzkörper fanden, auf den Einfall kamen, der Luchs habe nach Art der Hunde und Katzen seinen Harn verscharrt, aus dessen Verdickung der Stein so eben erst entstanden sey.

§. 28.

Vom Bernstein.

Auch der Bernstein ist ein Mineralkörper, denn in Ligurien wird er aus der Erde gegraben. Auch er hat anziehende Kraft, wie sie der wohlbekannte Eisenzieher hat. Auch er wird selten gefunden und zu den kostbarsten Steinen gerechnet.

Anmerk. Im Schlusse liegt ein witzelndes Wortspiel, denn eigentlich heißt es im Original: „zu den anziehenden Steinen gerechnet". Da der vorige Punkt schon dasselbe sagt, so kann das Wort „anziehend" hier nicht in der ersten Bedeutung stehn, sondern Theoph. will sagen: weil der Bernstein selten ist, so ist er gesucht, angenehm, und zieht die Wünsche der Menschen an.

§. 28.

§. 29.

Siegelringsteine.

Es giebt auſſer den vorigen noch andre Steinarten, aus denen man Siegelringsteine ſchneidet, wie
z. B. der vollkommen durchſichtige Hyaloides a),
der Anthracit, der Omphax b), der Kryſtall
und Amethyſt, die beyde durchſichtig ſind, und der
Sarder, welche alle man in den Spalten gewiſſer
Felſen findet.

Anmerk. a) Wörtlich: Glasſtein. Gewöhnlich versteht man Kryſtall darunter; allein Kryſtallglas
kannte man wohl damals nicht, ſondern braunes,
etwa von dem Anſehn der vulkaniſchen Gläſer, daher ich dieſe oder den Obſidian unter dem Hyaloides verſtehen möchte, zumal, da Theophraſt ſchon
§. 21. eines ſolchen Gebrauchs derſelben erwähnt.

b) Ομφαξ, grüne, unreife Trauben; daher
Omphacium, Agreſt. Ich finde nirgends etwas
darüber. Vielleicht eine Achatmiſchung, deren in-
nerliche Zeichnung dem Weinbeerſaft und ſeinen zer-
riſſenen Saftgefäßen ähnlete. Ich beſitze ſelbſt einen Kalsedon, der innerlich wie friſchgepreßter Zi-
tronſaft ausſieht.

§. 30.

Varietäten der Steinarten.

Auch unter denen Steinen, welche gleichen Namen führen, giebt es manche Verſchiedenheiten.
Zum Beyſpiel vom Sarder a) nennt man die hell-
roth durchſcheinende Art: weiblichen Sarder, die

 dun-

dunkelroth durchscheinende Art aber männlichen. Mit dem Luchsstein hat es dieselbe Bewandniß, denn der weibliche ist durchsichtiger und blässergelb. Auch vom Kyanos b) hat man einen männlichen und weiblichen, und der männliche ist weit dunkler.

Anmerk. a) Der Sarder wird mit Recht allgemein unserm Karneol gleichgesetzt, dem er auch etymologisch entspricht. Daß ihn Theophrast unter den Siegelringsteinarten nicht näher beschreibt, rührt wohl daher, weil er damals zu gemein und bekannt war, wie auch Plinius lib. 37. c. 7. sagt: nec fuit alia gemma apud antiquos usu frequentior.

b) Mit dem heutigen Cyanit hat dieser gar nichts gemein. Vielmehr ist es nach Plinius Beschreibung (lib. 37. c. 9.) ein Fossil, das mit dem Sapphir der Alten, oder dem Lasurstein, übereinkam und dessen dunklere Sorte ausmachte. Der 38 §. giebt Gelegenheit, dies noch näher zu erörtern.

§. 31.
Von Achatmischungen.

Der Onyx ist weiß und braun gemischt a). Der Amethyst aber ist weinfarben b). Auch der Achat c) der vom Flusse Achates in Sicilien kommt und theuer verkauft wird, hat schöne Farben. In den Goldgruben zu Lampsakus brach man einen ähnlichen, wunderschönen Stein, den man nach Tira schickte, wo er zu Siegelringsteinen verarbeitet und wegen seiner vorzüglichen Schönheit dem großen Könige zugeeignet wurde.

Anmer=

Anmerk. a) Noch ietzt ist der Onyx ein Bandachat aus Kalcedon und braunem Hornstein, welcher dann vollkommen abgebildet wird, wenn die Fingernägel etwas über die Zierlichkeit gedeihen. Daher ist auch seine Benennung (von ονυξ, unguis) entstanden. Die griechischen Dichter leiteten ihn scherzweise von Venus her. Amor habe ihr, da sie schlief, die Nägel abgeschnitten, welche in den Indus gefallen und versteinert wären.

b) Nicht etwa gelb, wie unser Topas, sondern von der Farbe des rothen Weins, welches auf unsern Amethyst sehr gut paßt. Plinius beschreibt ihn lib. 37. c. 9. deutlicher und völlig so, wie unser Amethyst beschaffen ist. Der Name Αμεθυςος heißt so viel als nüchtern, denn man glaubte, daß er, als Amulet getragen, die Trunkenheit verhüte und hebe.

c) Reisende könnten an dem genannten Flusse, der jetzt Drillo heißt, bestimmter erfahren, in wiefern dieser Achat sich etwa vom Achat der Neuern unterscheidet.

§. 32.

Vom Anthracit.

Diese bisher genannten Steinarten sind alle schön gefärbt und selten; aber die griechischen sind weit wohlfeiler, wie z. B. der Anthracit a) von Orchomenos in Arkadien, der schwärzer ist als Chier Marmor. Man verfertiget Spiegel aus ihm. Auch der Trözenische Stein ist wohlfeil, von Farbe purpurroth und weißbunt b). Der Korinthische Stein ist eben so gefärbt, nur blässer roth.

C 3

Dergleichen giebt es noch viele Abänderungen unter den inländischen Steinen.

Anmerk. a) Der Anthracit ist augenscheinlich von seiner kohlschwarzen Farbe so benannt und kann also mit dem Ανθραξ oder Carbunculus §. 18. nichts gemein haben, wiewohl Plinius lib. 37. c. 7. sie vermengt. Der Gebrauch zeigt an, daß er schwarz, undurchsichtig, hart und sehr politurfähig war, also etwa schwarzer Jaspis, Marmor u. dergl.

b) Vielleicht ein Gemisch von rothem Jaspis mit weißem, weil er mit opaken Steinarten zusammengestellt ist.

§. 33.
Geburtsörter der Edelsteine.

Die edelsten und schönsten Steinarten sind aber selten und kommen nur an wenigen vor, als bey Karthago, Massilia, in Aegypten zu Katadupá, Syene, Elephantine und in der Landschaft Psepho. Auch auf Cypern findet man Smaragden und Jaspis. Die Steine, deren man sich zu eingelegten Arbeiten a) bedient, kommen aus der Baktrianischen Wüste. Man reitet, um sie zu sammlen, zu der Zeit dahin, wenn die Etesiä b) wehen, denn dann werden sie beym Verwehen des Sandes erst sichtbar, weil sie sehr klein sind.

Anmerk. a) Wörtlich: Steinkütt, Λιθο κολλα, welches wohl nichts anders bedeuten kann, als mit Steinen besetzte Galanteriewaaren. Diese baktrianischen Steine wurden zufolge dieser flüchtigen Aeusserung gewöhnlich zu Einfassungen gebraucht. Vielleicht

leicht waren es lose Bergkristallen, wie die von Mar‍marosch. Plinius rechnet sie zwar zu den Smarag‍den, aber auf deffen Zeugniß ist hier gar nicht zu bauen, da er augenscheinlich den Theophrast eilfer‍tig abgeschrieben hat. Er sagt nämlich lib. 37. c. 5: Proximam laudem, sicut et sedem, Ba‍ctriani habent, quos in commissuris saxorum colligere dicuntur Etesiis slantibus; tunc enim tellure internitent, quia iis ventis maxime are‍nae. mouentur. Vom gangweisen Vorkommen stand nichts im Theophrast. Vielmehr leuchtet aus seinen Worten hervor, daß die Steinchen lose im Sande der Ebne zerstreut lagen, denn einen Gang hätte man ja leicht aufräumen können, ohne auf die Winde zu warten. Allein Plinius erklärte sich es so und verfälschte sonach die Stelle. Ihm ist so‍gar zuzutrauen, daß er für die Angabe, die baktria‍nischen Steine gehörten zum Smaragd, keinen an‍dern Grund habe, als weil der Smaragd in der vo‍rigen Zeile erwähnt worden war.

b) Ετησιαι, ein Wind, welcher in der Breite des mittelländischen Meers regelmäßig alle Jahre zu Anfang der Hundstage von Abend nach Morgen wehet, und 40 Tage anhält, (s. Plin. lib. 2. c. 47.)

§. 34.

Von den Perlen.

Zu den Edelsteinen gehören auch die sogenannten Perlen, wenn sie durchsichtig sind, in welchem Falle sie zu kostbarem Halsschmuck dienen. Sie ent‍stehen in einer Art von Auster, ingleichen auch in den Klaßmuscheln a). Indien und einige Inseln im

C 4

Ery‑

Erythräischen Meere bringen die schönsten hervor;
denn es giebt auch andre, die wie das gegrabne Elfenbein gestaltet und dunkelblau gefärbt sind, daher
man sie Sapphire nennt b). Sie ähnlen dem männlichen Kyanos und dem violblauen Prasites c).

Anmerk. a) Die lateinischen Uebersetzer geben diese
Stelle: nascitur autem in ostreo quodam, simili pinnis; aber eine solche Aehnlichkeit des My-
tilus margaritifer mit der Steckmuschel findet nicht
statt: also habe ich statt παραπλησιω (Simili) lieber παραπλησιως (Similiter) gelesen, denn die
Alten wußten allerdings schon, daß mehrere Mu-
schelarten Perlen erzeugen. Nun ist aber damit
noch nicht ganz geholfen, denn die Pinna erzeugt
bekanntlich wohl Seide, aber keine Perlen. Mithin
kann die πιννα, πινα oder πινη der Alten nicht
unsre pinna gewesen seyn. Ich habe daher dies
Wort zufolge der Erfahrung durch Klaffmuschel,
mya margaritifera, übersetzt, zumal, da die Beschreibung, welche Plinius lib. 9, c. 42. von der
pinna giebt, gar nicht auf die Steckmuschel sondern
auf unsre mya paßt. Dem scheint zwar zu wider-
sprechen, was Plinius lib. 9. c. 25. sagt: In no-
stro mari (quoque margaritae) reperiri sole-
bant crebrius circa Bosphorum Thracium, ru-
fae ac paruae in conchis, quas myas appellant.
At in Acarnania, quae vocatur pinna, gignit.
Hier scheint die Mya ganz von der pinna unterschieden zu werden, aber das appellant verräth,
daß er die Mya nicht gesehen hatte. Da er sie
auch sonst nicht aufführt: so ist es sehr wahrscheinlich, daß Mya nur der griechische Name (Μυαξ)
für

für die Pinna der Römer war und beyde unsre Klaffmuschel bedeuten.

b) Das blaue gegrabne Elfenbein scheint auf den blauen Türkis zu passen, mit welchem auch die opaken blauen Perlen sehr wohl verglichen werden können, da beyde knochenartig sind und rund geschliffen getragen werden.

c) Πρασιτης und prasius beym Plinius war ein lauchgrüner Edelstein, dessen Namen der Letztere von πρασον, porrum, ableitet. Nach ihm (lib. 37. c. 8.) ist es ein wohlfeiler, sehr weicher, in großen Massen vorkommender Stein, vielleicht grüner Flußspath. Ιωδης πρασιτης wäre demnach violblauer Flußspath, denn Ιος (von 'Ιον, viola) ist unsre Kupferblüte. Prasites hieß er ohne Zweifel wegen des Zusammenbrechens mit jenem.

§. 35.

Vom Hämatit.

Auch der Hämatit ist ein sehr dichter und glatter Stein, welcher aus getrocknetem Blute entstanden zu seyn scheint, wovon er auch seinen Namen bekommen hat a). Von diesem ist die Xanthe verschieden. Sie ist keinesweges von der Farbe, die man Xanthos nennt, benennt worden, denn ihre Farbe ist vielmehr weißlich b).

Anmerk. a) Hämatit, Blutstein. Der unsrige kann es nicht seyn, sondern etwa ein blutrother Jaspis. Aus dem gedörrten Blutkuchen entsteht auch eine dunkelrothe, dichte und glänzende Masse und es könnte wohl möglich seyn, daß man diese damals

gleich

gleich dem Luchsstein, der Koralle und vergl. verar=
beitet habe, wenigstens giebt Theophrast keinen Ge=
burtsort desselben an.

    b) Hier stehn im Texte noch die Worte: welche
Farbe die Dorier Xanthos nennen. Ich
halte sie für ein Glossem, von späterer Hand einge=
schoben. Ξανθος wird bald gelb, bald roth über=
setzt, z. B. Ξανθωπος gelbsüchtig und rothäugig;
Ξανθογεως Ockerboden, der gelb und roth seyn
kann; Ξανθοθριξ Blondin und Rothkopf. Wahr=
scheinlich verwechselte man die Xanthe damals mit
dem Hämatit, wie auch noch Plinius thut, wenn er
lib. 37. c. 10. beym Hämatit sagt: est et alia
ejusdem generis, quae vocatur Henui ab In=
dis, Xanthos appellata Graecis, e fulvo candi=
cans. Diesen Irrthum will Theophrast berichtigen.

§. 36.
Von der Koralle.

    Auch die Koralle, welche allerdings steinartig
ist, ist von Farbe roth. Sie ist in viele Zweige zer=
theilt, wie Wurzelwerk. Sie entsteht im Meere a).
Das versteinerte indische Rohr b) ist nicht sehr davon
unterschieden, gehört aber doch nicht hierher.

Anmerk. a) Es ist unsre rothe Koralle, Isis nobilis,
    welche besonders im mittelländischen Meere zu Hau=
    se ist. Sie wurde von den Alten schon verarbeitet
    und besonders nach Indien gegen Perlen vertauscht.
    Man drehete daraus runde Kügelchen in Form der
    Perlen, welche Plinius lib. 32. c. 2. irrig für Bee=
    ren der Korallenstauden hält, worüber ihn schon
    Matthiolus beym Dioskorides p. 706 zurecht wei=
                         set,

set, denn die schleimigen Knöpfchen, die man jetzt Korallenblüthen nennt, sind gar keiner Benutzung fähig.

b) Hierunter versteht er ohne Zweifel die Königskoralle, Isis Hippuris, die in den indischen Meeren häufig ist und deren Gestalt etwa mit dem Bambusrohr verglichen wurde. Er rechnet sie nicht hierher, weil sie nicht roth und verarbeitbar sey.

§. 37.
Von den Erzen.

Viele andre Steinarten enthalten Metalle a), wie zum Beyspiel einige Gold und Silber zugleich enthalten, wovon aber blos das Silber sichtbar ist b). Diese sind sehr schwer und werden viel gesucht c).

Anmerk. a) Ich würde hier gern solche Steinarten verstehn, die goldgelbe und silberfarbne Punkte haben, z. E. manche Granite, Avanturin, Opal u. dergl. wenn nicht weiter unten die metallische Schwere erwähnt würde. Theophrast hat περι μεταλλων ein eignes Buch geschrieben, welches leider verlohren gegangen ist. Hier führt er nur den Metallgehalt als noch eine Ursach an, wodurch die Steine kostbar würden, so wie er vorher von der Schönheit und Seltenheit sprach.

b) Man hat immer geglaubt und glauben müssen, daß die Alten nur gediegnes Gold zu waschen und amalgamiren verstanden haben. Diese Stelle scheint aber anzuzeigen, daß man auch güldisches Silber zu scheiden gewußt habe, weshalb der Verlust der Metallurgie des Theophrast um so mehr zu beklagen ist, denn keiner der Alten berichtet sonst etwas

was davon. Im Plinius findet man eine Stelle,
welche diese Angabe des Theophrast zu erklären
scheint, wiewohl verworren und ohne daß Plinius
vielleicht selbst wußte, was er abschrieb. Er sagt
nämlich lib. 33. c. 4. bey der medicinischen Benutzung des Goldes: Torretur et cum salis gru-
mo, pondere triplici misso, et rursum cum
duabus salis portionibus, et una lapidis, quem
schiston vocant. Ita virus tradit rebus una
crematis in fictili vase, ipsum purum et incor-
ruptum. Reliquus cinis etc. Nun erwähnt er
anderwärts zweyer Arten Schistos, einmal lib. 36.
c. 20. welches den angezeigten Merkmalen nach ein
Ocker oder zerfallner Eisenvitriol ist, und das andre-
mal lib. 35. c. 15. sagt er: concreti aluminis
unum genus schiston appellant Graeci, in ca-
pillamenta quaedam canescentia dehiscens,
Dies ist unser Federalaun oder Haarvitriol, Halo-
trichum. Daraus ergiebt sich denn, daß die erwähnte Operation nichts anders sey, als unsre
Scheidung des Goldes vom Silber durch Cementa-
tion, wenn man güldisches Silberblech in der Ce-
mentirbüchse mit Kochsalz und Kolkothar schichtet
und anhaltend ausglüht. Die Schwefelsäure des
Letztern entbindet die Salzsäure des Erstern vom
Natron. Die Salzsäure zerfrißt das Silber und
läßt das Gold als einen regulinischen Staub zurück.
Die Worte Reliquus cinis — purum et incor-
ruptum aurum zeigen denselben Erfolg an. —
Man kann also für gewiß annehmen, daß die Alten
das Gold aus güldischem Silber zu scheiden wußten,
wiewohl diese Operation nicht im Großen, sondern
nur aus Curiosität im Kleinen oder zum Arzheyge-
brauch angestellt wurde.

c) Im

c) Im Original steht hier 'οσμη. Buchstäblich würde dies heißen: sie sind schwer und haben star- ken Geruch. Das giebt hier keinen Sinn, denn zwar haben einige Erze, wie die Arsenik- Spieß- glas- und Quecksilbererze, allerdings einen eigen- thümlichen Geruch, wenn sie in Menge in Kästen lange verschlossen gelegen haben, allein diese Er- fahrung konnte man damals unmöglich wissen. Ich habe daher 'οσμη in ὀρμη verwandelt und dem nach übersetzt. Der Zusammenhang des §. mit den vo- rigen bürgt für die Richtigkeit dieser Lesart.

§. 38.

Fortsetzung.

Der Kyanus ist von Natur mit Goldstaub a) eingesprengt, so wie auch ein andrer Stein, der das Ansehn der Steinkohlen hat b). Sie sind schwer und werden überhaupt am häufigsten und schönsten in Erzgruben gefunden. Einige derselben sind erdig, wie der Ocher und Röthel, andre sandförmig zusammengeküttet, wie die Chrysokolla c) und der Kyanus, noch andre mehlig wie Asche, z. B. die Sandarak d), das Arsenik e) und andre mehr f).

Anmerk. a) Hier steht das Wort: χρυσοκολλα, wel- ches in dem Zusammenhange nicht dasselbe wie §. 25. c) bedeuten kann, sondern vielmehr die Krätze der Goldschmiede, welche den Hauptgemeng- theil des Goldlothes der Alten ausmachte und darin am meisten sichtbar war. Diese Stelle sagt also nichts anders, als Hiob 28, 9. wo es heißt: Sa- phir, in quo pulveres auri.

b) Wahr-

b) Wahrscheinlich unsre Kieskole, oder ein Kupferschiefer, Alaunschiefer u. dergl., wenn man das Folgende damit in Verbindung setzen will.

c) Vergl. §. 25. Anm. c).

d) Die Sandarache wird Plin. lib. 35. c. 6. als eine rothe metallische Erde beschreiben, die man künstlich aus Bleyweiß brenne, also Mennig, oder als Naturprodukt rothe Bleyerbe.

e) Αρσενικον ist nach Dioscorides lib. 5. c. 80. unser rothes und gelbes Rauschgelb.

f) Alle im §. aufgeführte Fossilien werden wegen der eingesprengten Metalltheile zusammengestellt.

§. 39.

Härte verschiedner Steinarten.

Man könnte noch weit mehr dergleichen Eigenthümlichkeiten angeben. Einige Steinarten sind z. B. so hart, daß sie vom Eisen gar nicht angegriffen werden und nur durch andre Steinarten geschnitten werden können.¹ Ueberhaupt müssen die verschiednen Steinarten auch verschieden behandelt werden. Einige kann man zerschneiden, andre meisseln und noch andre drehen, so wie den Magnet selbst. Dieser hat ein schönes Ansehn und, was Viele Wunder nimmt, er gleicht dem Silber, mit dem er doch gar nichts gemein hat.

Anmerk. Die letztern Zeilen des §. zeigen deutlich genug, daß hier von unserm Magnet nicht die Rede seyn kann, wiewohl man bey vielen andern Schriftstellern

stellern Magnet und Herkulius als Synonyme fin=
det, wie bey §. 4. Anm. d) gesagt worden.
Gleichwohl spricht Theophrast von dem Magnete
hier als von einer allbekannten Sache, wie der Zu=
satz αυτη andeutet, also von einem Fossile, das
wegen seiner merkwürdigen Eigenschaften berühmt
sey, und das führt uns doch wieder auf den Mag=
net der andern Alten. Beydes zusammen genom=
men berechtiget uns zu dem Schlusse, daß er unter
dem Heraclius §. 4. und dem Magnetes hier ver=
schiedne Arten des Eisenziehers verstehe. Der letz=
tere ist wahrscheinlich der weiße Magnet, den Pli=
nius lib. 36. c. 16. mit folgenden Worten aufführt:
Deterrimum esse candidum, a Magnesia Asiae.
Non omnino attrahere et pumicosum esse.
Ein Grund für diese Meynung ist der Geburtsort
Magnesia, von welchem der Stein benennt zu seyn
scheint, dagegen die Griechen zum Unterschiede von
ihm die stärker ziehenden Magnete wegen ihrer Kraft
Herculius nannten. Der weiße Magnet des Pli=
nius ist aber ohne Zweifel derselbe, den Kenntmann
(nomenclaturae rerum fossil. edit. Gesner,
p. 27) als einen magnetem Livonicum, coloris
argentei, micantem, pellucidum, qui in cru-
stas tenuissimas scindi posset — beschreibt, und
von dem Agrikola (de re metallica —) sagt: argenti similem esse, constareque e crustis lapi-
dum specularium instar. Kenntmann setzt in der
angeführten Stelle den deutschen Namen Silber=
weiß hinzu, welcher nach der damaligen Nomen=
klatur unsern Glimmer und Talk bezeichnet. Nun
ist es bekannt genug, daß der Glimmer= und Talk=
schiefer häufig mit Strahlstein und magnetischem
Eisenstein gemengt vorkomme, wie unter andern zu
Breiten=

Breitenbrunn in Sachsen und ein solcher paßt vor=
treflich zu dem weißen Magnet des Plinius und
Theophrast, denn er ist drehbar, wie Theophrast
sagt, und perlmutterglänzend oder wirklich silber=
weiß, wie Theophrast, Kenntmann und Agrikola
sagen. Er ist im Ganzen ein schwacher Magnet
und zieht auch nicht an allen Stellen, sondern nur
da, wo Magneteisen eingesprengt ist — non
omnino attrahit, wie Plinius sagt. Auch das
Beywort pumicósus beym Plinius kommt ihm we=
gen des beygemengten Strahlsteins allerdings zu.

Es bleibt demnach kein Zweifel über die Natur
des Magnets von Magnesia. Petrus Arlensis
(de scudalupis enucleatus, Berl. Ausg. p. 76)
meynt ebendasselbe Fossil, wenn er sagt: magnetem igni non fusibilem esse, quare non me-
tallum sit; (was nämlich der Silberglanz vermu=
then lasse) continere vero particulas quasdam
ferri. Vielleicht ist der Aimant der ältern fran=
zösischen Schriftsteller, ein weißer Magnet von der
Insel Elba, den man als ein sympathetisches Mit=
tel, die Herzen der Frauen anzuziehen, als Amu=
let trug, ebendasselbe Mineral, wiewohl man dar=
unter auch den magnetischen Eisenkies oder weißen
merikanischen Magnet des Wallerius (Ausg. von
Leske II. p. 223) verstehen kann.

§. 40.

Weiche Steinarten.

Es giebt aber auch mehrere Steinarten, die man
auf alle Weise bearbeiten kann. Dergleichen wird
zu Sipheus, drey Stadien vom Meere, ein Stein
gegra=

gegraben, welcher in Kugeln und Knauren vorkommt und so weich ist, daß man ihn drehen und schneiden kann. Wenn man ihn aber mit Oel tränkt und brennt, so wird er schwarz und hart. Man macht Tischgefäße aus ihm.

Anmerk. Plinius giebt uns über dies Fossil lib. 36. c. 22. nähern Aufschluß: In Siphno lapis est, qui cavatur tornaturque in vasa coquendis cibis utilia, vel ad esculentorum usus, quod in Comensi Italiae lapide viridi accidere scimus. Sed in Siphnio singulare, quod excalfactus oleo nigrescit durescitque, natura mollissimus. Sein Comensis ist bekanntlich unser Topfstein oder Lavezstein. Die Eigenthümlichkeit des Siphnischen Steines, sich im Feuer sehr hart zu brennen, würde auf unsern Speckstein sehr gut passen, dem man bekanntlich dadurch die Härte der Cameen geben kann. Man brannte die Gefäße aber mit Oel, um sie wasserdicht zu machen, denn das durch Ausglühen der Oeltheile entstehende Kolenstoffoxyd verschloß die Poren. Auch unserm Töpferzeug hat man neuerlich eine solche Glasur zu geben versucht, die von Chaptal gebilliget wurde. Man warf nämlich in der Manufaktur zu Bousquet zu Ende des Brandes, Steinkohlen in den Ofen, deren Dampf das Töpferzeug durchdrang und ihm eine haltbare, schön schwarze Glasur gab. (s. m. Lithurg. I. p. 298) — Die Manufaktur auf Siphnos muß bey den Griechen großen Ruf und Absatz gehabt haben und war vielleicht die erste in ihrer Art, weil man mehrere Worte, die sich auf sie beziehen, im Griechischen hat, als Σιφνος, evacuatus; Σιφνω, evacuare, torno cavare.

§. 41.

Bearbeitung der Steine mit Eisen.

Alle dergleichen Steine können mit Eisen bear-
beitet werden; einige andre aber blos mittelst andrer
Steine, wie ich schon gesagt habe. Noch andre werden zwar vom Eisen angegriffen, aber sie stümpfen
es ab und da ist es denn auch nicht gut gethan, eiser-
ne Instrumente anzuwenden. Das Eisen schneidet
auch in festere und härtere Körper, weil es mehr Zusammenhang hat; daher der scheinbare Widerspruch,
daß das Eisen den Schleifstein, von dem es stark
angegriffen wird, theilen und in Form bringen kann a)
und doch die Siegelringsteine, die aus denselben oder
ähnlichen Bestandtheilen, wie der Schleifstein be-
stehn, nicht angreift. Die Schleifsteine, womit
man in Edelsteine schneidet, bringt man aus Arme-
nien zu uns. b)

Anmerk. a) Vergl. §. 6. Anm. Man könnte unter
dem ρυθμιζειν, formen, die parallelepipedale Form
verstehn, die wir unsern Schleifsteinen geben, allein
das könnte nur von den cotibus agricolarum cre-
ticis gelten, deren Plinius lib. 18. c. 28. erwähnt,
denn nur diese brauchte man, wie unsre Schleifsteine, zum Putzen und schärfen der eisernen Instrumente. Die hier erwähnten, die man zum Schneiden der Edelsteine brauchte, wurden wohl schwerlich
in dieselbe Form gesägt. Sie mußten vielmehr zu
ihrem Zweck eine Griffelform bekommen, wie unsre
Schieferstifte, in welcher Form man sie γλυφανον
nannte.

b) Daß

b) Daß hier nicht von Schleiffsteinen überhaupt, sondern von solchen, mit denen man in Edelsteine schnitt, die Rede sey, sehn wir auch aus Plin. 35. c. 7: Signis e marmore poliendis gemmisque etiam scalpendis atque limandis Naxium diu placuit ante alia. Cotes ita vocantur in Cypro insula genitae. Vicere postea ex Armenia vectae.

§. 42.

Vom Probirsteine.

Wunderbar sind auch die Eigenschaften des Steines, mit dem man das Gold prüft. Er scheint in dieser Prüfung die Kraft des Feuers zu besitzen, und deshalb zweiflen Einige an seiner Kraft, aber mit Unrecht, denn er prüft nicht auf dieselbe Art. Das Feuer verwandelt oder erhöhet die Farben a), aber dieser Stein nimmt von dem Metalle, womit man ihn reibt, einen Strich an. [Doch hat man neuerlich einen viel tauglichern gefunden, als der ist, der bisher im Gebrauch war, so daß man nicht nur gereinigtes Gold, sondern auch legirtes Gold und Silber und alle Münzmischungen prüfen kann.] Man erkennt diese Steine an ihrer Kleinheit b). Die kleinsten wiegen ein Gerstenkorn, andre einen Heller c) oder den vierten Theil, höchstens die Hälfte eines Obolus d) — nachdem man sie größer oder kleiner braucht. Man findet sie alle im Flusse Tmolus e). Sie sind glatt und bohnenförmig, platt gedrückt, also nicht völlig rund, und höchstens doppelt so groß als die größte Bohne f). Der obere Theil

der-

derselben, der von der Sonne beschienen worden, streicht besser an, als der untere, weil er mehr ausgetrocknet ist, denn die Feuchtigkeit verhindert den Strich g). Auch prüft er nicht gut, wenn er heiß wird, denn alsdann schwitzt eine Feuchtigkeit aus ihm, welche ihn schlüpfrig macht h). Dies ist auch mit denen Steinen der Fall, aus welchen man Bilder i) macht, ein Zeichen, daß sie zu demselben Geschlechte gehören k).

Anmerk. a) Die unedlen Metalle und goldfarbigen Kiese verschlacken sich im Feuer und werden unscheinbar, welches er μεταβαλλειν τα χρωματα, die Farbe verwerfen, nennt; aber das Gold, wenn es auch sonst den Kiesen ähnlich oder durch Schwefelkies verlarvt seyn sollte, wird im Feuer nur noch glänzender und zeigt sich dann erst deutlich in der verschlackten Kiesmutter: das will αξιουν τα χρωματα sagen.

b) Ich bin der Meynung, daß dies und das Folgende nicht auf die Stelle, die ich in Parenthese eingeschlossen habe, sondern auf das Vorhergehende, im Anfang des §. Bezug habe, und daß in diesem §. von zweyerley Probirsteinen die Rede sey, deren einen Theophrast kennt und abhandelt, dagegen er den andern nur in einer Parenthese als eine neue ihm noch nicht bekannte Steinart berührt. Zwar vermischt Plinius (lib. 33. c. 8. am Ende) beyde mit einander, allein ich zweifle, daß seine Autorität die Gründe, welche ich bey k) zusammengestellt habe, aufwiegen werde.

c) κολλυβος habe ich unbestimmt noch am besten durch Heller übersetzen müssen. Ursprünglich ist

es das Aufgeld oder Agio, das man den Wechslern
zugiebt, also eigentlich keine bestimmte Münze.
Uneigentlich verstand man darunter überhaupt kleine, schmierige Scheidemünze. Die Größe, die
Theophrast darunter versteht, giebt er durch den Zusatz zu erkennen.

d) Ein Obolus war 12 Gran oder 1½ Ger-
stenkörner schwer, also das Gewicht eines preußi-
schen Silberdreyers. Die Hälfte des Obolus ist
demnach etwa das Gewicht eines Silberpfennigs.
Der Kollybus endlich, oder der vierte Theil des
Obolus, macht 3 Gran.

e) Tmolus ist ein Fluß, der von dem jetzt sogenannten Berge Buz-Dag herabkommt. Die Alten nannten ihn sonst auch häufiger Pactolus. Er
war als Goldfluß berühmt. Außerdem meldet Plu-
tarch (de fluv. tom. II. p. 1.151 edit. Xylandr.)
daß man in diesem Flusse auch einen Stein Namens Arurophylax gefunden habe, der vor Dieben
schütze.

f) Wider Gewohnheit habe ich hier $\psi\eta\varphi\acute{o}\varepsilon\iota\delta\eta\varsigma$
durch bohnenförmig und $\psi\eta\varphi o\varsigma$ durch Boh-
ne übersetzt, denn gewöhnlich übersetzt man das
letztere durch calculus, ein Kiesel. Dies kann
aber hier schon um deswillen nicht statt finden, weil
es doch absurd seyn würde, einen zu beschreibenden
Gegenstand der Form und Größe nach mit einem
Körper von ganz unbestimmter Gestalt und Größe
zu vergleichen — was man unserm Autor nicht zu-
trauen darf. Das $\psi\eta\varphi o\varepsilon\iota\delta\eta\varsigma$ wird gleich darauf
umschrieben, nämlich durch: $\pi\lambda\alpha\tau\varepsilon\iota\alpha$, $\mathring{\eta}$ $\sigma\tau\rho o\gamma$-
$\gamma\upsilon\lambda\eta$, plattgedrückt und nicht völlig rund. Dies
mit dem Gewicht eines halben Obolus zusammenge-

nommen, giebt uns einen Körper wie eine Bohne — mein zweyter Grund. Drittens brauchte man den ψηφος vorzüglich bey den suffragiis der Griechen, daher ψηφος auch das votum und ψηφιζειν votiren heißt. Bey wichtigen und unangenehmen Sachen, wo man nicht durch Aufheben der Hände, sondern genau nach der Mehrzahl stimmen wollte, wurden jedem Bürger kleine schwarz und weiße Bohnen oder Steine gegeben, worauf man denn im Vorbeygehn vor einer Urne im Bejahungs= oder Begnadigungsfalle die weißen, im andern Falle die schwarzen hineinwarf. Da nun zu diesem Zweck die Bohnen noch früher als die Strandkiesel im Gebrauch waren und da κυαμειειν (von κυαμος die Bohne) im Griechischen so gut als ψηφιζειν votiren heißt, so ist es sehr wahrscheinlich, daß man auch ψηφος und κυαμος zuweilen als gleichbedeutend für einander gebraucht habe, und daß Theophrast hier unter ψηφος eine Bohne meynt.

g) Von Feuchtigkeit kann hier wohl nicht die Rede seyn, sondern diese Stelle muß mit §. 11. verglichen werden, um sie zu verstehn. Dem zufolge ist hier unter Austrocknung nichts anders als Verwitterung zu verstehn, durch welche der Stein fähiger wurde, metallischen Strich anzunehmen. Er muß also vor der Verwitterung zu hart oder von fettem Anfühlen gewesen seyn.

h) Nicht die Feuchtigkeit macht ihn, sondern die Hitze macht das Metall zu schlüpfrig oder schmelzt den Strich, daß er unscheinbar zusammenläuft. Buchstäblich darf man diese Ausschwitzung nach §. 11. nicht nehmen.

i) Αγαλ-

i) Αγαλματα. Ich verstehe darunter kleine Bildhauerarbeiten und Schnitzwerke, nicht Bildsäulen (ανδριας, εικον). Vielleicht ist unser Agalmatolith, vielleicht Gyps gemeynt; doch kann die Vermuthung uns nichts helfen, um daraus etwa auf die Natur des Tmolits zu schließen, denn die Vergleichung beyder konnte einen sehr zufälligen Grund haben, da die Alten ihre Bildhauerarbeiten mit Wachs polirten, das in der Hitze freylich schwitzen mußte.

k) Ich habe oben Anm. b) behauptet, daß in diesem §. von zwey verschiednen Steinarten die Rede sey. Herr Rektor Schwarze in Görlitz hat neulich in einem Programm (Commentat. Theophr. V. de lapide Lydio Veterum et Recent. 1804.) scheinbar gegen mich erwiesen, daß der Lydius der Alten wirklich unser Kieselschiefer sey und nicht der Türkis, wie ich in meiner Dissertation (E Veterum mineralogia aphorismi, Hal. 1799 p. 20) behauptet habe; allein die Sache beruht auf einem Misverständnisse. Das, was dieser achtungswürdige Gelehrte beweiset, habe ich dort keinesweges geleugnet, sondern vielmehr p. 15 bestätiget, nämlich, daß der Lydius des Plinius und der oben §. 4. erwähnte, unser Probirstein sey, wofür ich zwey Gründe aufführte. Erstlich paßt des Plinius Beschreibung sehr gut auf unsern Probirstein, wenn er lib. 33. c. 8. sagt: Auri argentique mentionem comitatur lapis, quem coticulam appellant, [quondam non solitus inveniri, nisi in flumine Tmolo, ut auctor est Theophrastus], nunc vero passim, [quem alii Heraclium, alii Lydium vocant]. Sunt autem modici, quaternas unicas longitudinis, binasque latitu-

dinis

dinis non excedentes. [Qvod a sole fuit in his, melius, quam quod a terra.] His coticulis periti, cum e vena ut lima rapuerint experimentum, protinus dicunt, quantum auri sit in ea, quantum argenti vel aeris, scrupulari differentia, mirabili ratione, non fallente. (Das Letztere ist Uebertreibung aus Unkenntniß, denn Stuffen zu probiren kann niemand einfallen. Das vorhergehende hat einen zwiefachen Ursprung. Was ich nicht in Parenthese einschloß, sagt er selbst zufolge der selbst gesehenen Probirsteine, das Eingeschlossene aber hat er wörtlich aus dem Theophrast abgeschrieben, und dies geht den Lydius nichts an.) Zweytens hat man bis in die neuern Zeiten ächte und sehr gute Probirsteine aus Lydien nach Europa gebracht, wie Magellan (Cronstedt translated by Iohn H. de Magellan, Vol. II. p. 883) bezeugt, und diese kommen ganz mit den Paragone antico überein, welche man unter den Alterthümern gefunden hat.

Darin bin ich also mit Hrn. Rekt. Schwarze vollkommen einverstanden; aber ich habe behauptet, (Diss. p. 20) daß Theophrast im §. 40. gar nicht vom Lydius der Alten handle, den er nur beyläufig, doch unbenannt, in einer Parenthese erwähnt. Meine Gründe für diese Behauptung sind folgende:

Erstlich. Theophrast nennt den Stein gar nicht, von dem der §. handelt. Den Namen Lydius kennt er sehr wohl nach §. 4. Sollte er ihn hier nicht genannt haben, wenn wirklich von demselben die Rede wäre?

Zweytens.

Zweytens. Theophrast eignet dem Goldprobirstein eine bestimmte Gestalt zu, nämlich die boh-
nenförmige, wie Anm. f) beweiset. Aber der Lydius hat entweder gar keine bestimmte Gestalt oder
eine parallelepipedale.

Drittens. Die Bestimmung der Größe der
Goldprobirsteine paßt nach Anm. c) und d) schlech-
terdings nicht auf den Lydius des Plinius, denn
der Tmolit war höchstens eine Bohne groß und der
Lydius 4 Zoll lang und 2 Zoll breit.

Viertens. Der Stein, von welchen der §. 42.
handelt, probirte nur Gold und Theophrast unterscheidet ihn ausdrücklich dadurch von dem in der
Parenthese gemeynten Lydius, mit dem man alle
Münzmischungen prüfen könne.

Fünftens ist es kein Wunder, daß Plinius
den Tmolit des Theophrast nicht kannte und mit dem
Lydius confundirt, da wir aus dem §. selbst sehn,
daß der Tmolit schon zu Theophrasts Zeiten aus der
Mode kam. Plinius konnte ihn also wohl ignori-
ren, so wie er vieles ignorirt, was er beschreibt.

Wenn nun der Goldprobirstein des Theophrast
nicht der Lydius war: so fragt sichs, was er sonst
gewesen? und da habe ich denn in der angeführten
Dissertation die Meynung aufgestellt, daß es unser
orientalischer Türkis gewesen sey, wofür ich folgende Gründe habe:

Erstlich. Der orientalische Türkis kommt
wirklich nach Agavi (Voigts Magaz. der Naturk.
1795. B. X. p. 178) hin und wieder in Natolien
vor, und zwar nierenförmig (ψηφοειδής) in einer

      Art

58

Art von Mandelstein, wo sie denn von Flüssen leicht
abgespühlt werden können.

Zweytens. Bruckmann beschreibt die Größe
der orientalischen Türkisse mit denselben Worten als
Theophrast, wenn er (Magnal. Dei II. p. 1027,
1029) sagt: magnitudinem habere cicerum,
certe quod eam fabae turcicae non superent.

Drittens. Die Alten, welche den orientalischen Türkis auch schon kannten, beschreiben ihn
ebenfalls so, wie Theophrast seinen Goldprobirstein.
Sie nannten ihn Borea (wie Plinius lib. 37. c. 8.)
und Strabo nennt diesen ψηφον Φακωιδον, welches mit Theophrasts Worten auffallend überein-
stimmt.

Viertens. Theophrast erwähnt des Borea
nirgends, denn das blaue gegrabne Elfenbein §. 34.
ist nicht der orientalische, sondern unser occidentali-
scher Türkis.

Die Geschichte des Tmolits möchte wohl diese
seyn. Da man Gold in den Tmolus fand, so strich
man es, um es von Kiesmassen, die der Fluß ne-
benbey führte, zu unterscheiden, an nahgelegne
Steine und so wurden die im Sande zerstreuten
Türkisse, die etwas verwittert waren und deshalb
gut anstrichen, zu Probirsteinen. Wenn die Gold-
wäscher ihr Gold verkauften, so nahmen sie auch die
Türkisse mit, um den Käufern die Aechtheit des
Goldes zu beweisen. Die Käufer behielten sie, um
sich desto leichter in Zukunft beym Goldeinkauf vor
Betrügern hüten zu können; daher erhielten diese
Probiersteine den Namen Αργοφυλαξ, den Plu-
tarch

tarch [f. Anm. c)] erwähnt. Nachher verkaufte man aber Türkisse, die noch nicht verwittert waren, die also zum Probiren wenig taugten, aber als schöne Steine zum Schmuck verwendet wurden. Also kamen die Türkisse als Probirsteine aus der Mode und wurden in der Folge zu den Edelsteinen gerechnet. Dagegen wählte man den wohlfeilern Lydius zum Probirstein, der sich wegen seiner Farbe und Rauchheit weit besser dazu schickte und deshalb bald in Umlauf kam.

§. 43.

Von Erdarten.

Das sind ohngefähr die merkwürdigsten Eigenschaften der Steinarten. Unter den Erdarten giebt es wenige von ausgezeichnetem Charakter, aber diese sind dann auch desto sonderbarer. Sie werden geschmolzen, verwandelt und erhärten wieder. Sie schmelzen mit den gegrabnen Flüssen wie die Steine a). Man erweicht sie und macht Ziegelsteine daraus, zum Theil bunte b), zum Theil einfärbige; alle werden aber durch Erweichen und Brennen zubereitet.

Anmerk. a) Unter den gegrabnen Flüssen sind hier wahrscheinlich metallische Erden zu verstehn, welche freylich als Auflösungsmittel im Feuer wirken. Vergl. §. 9 und 44, wo deutlicher gesagt wird.

b) Unter den einfärbigen sind Ziegel von Ziegelthon zu verstehen, den Theophrast schon §. 16. beyläufig als ein für sich schmelzbares Fossil erwähnt. Die bunten wurden aus Töpfer= und Ziegelthon gemengt, wie noch jetzt hin und wieder geschieht, und

was

was auch Plinius lib. 35. c. 14. vermuthen läßt: — sed, cretosa (fiunt lateres) et albicante aut ex rubrica.

§. 44.

Vom Glase.

Wenn aber das Glas wirklich aus einer verglasbaren Erde entsteht, wie Einige behaupten a), so muß es durch Brennen geschehen. Das schönste Glas entsteht alsdann, wenn man ihm Erze b) zusetzt; denn außerdem, daß es besser fließt und gleichförmiger gemischt wird, so bekommt es dadurch auch schöne Farben.

Anmerk. a) Dies ist ein Beweis, daß man zu der Zeit in Griechenland noch keine Glasfabrik hatte, sondern es von Phönizien erhielt, wie auch Plinius lib. 36. c. 26. berichtet: idque (littus Phoenices) tantum multa per secula gignendo fuit vitro.

b) De Laet hält die Worte τω χαλκω für verstümmelt und will τω χαλκι, Silici, lesen, aber diese Conjectur verräth große Unkunde, denn das Kristallglas, welches de Laet unter dem „schönsten Glase" verstehn will, war zu Theophrasts Zeiten gewiß noch ganz unbekannt und nach Plin. eine weit spätere Erfindung. Das τω χαλκω hat aber nicht die mindeste Schwierigkeit, denn erstlich paßt die von Theophrast erwähnte Wirkung der Färbung und Flußbeförderung vollkommen auf metallische Zusätze, und dann finden wir ja dasselbe noch ausführlicher im Plinius lib. 36. c. 26. Mox, ut

est

est astuta et ingeniosa solertia, non fuit con-
tenta vitrum miscuisse: coeptus addi et mag-
nes lapis (Eisenerze); quoniam in se liquorem
vitri quoque ut ferrum trahere creditur. Der
Zusatz ist augenscheinlich nur eine falsche Ansicht der
zum Grunde liegenden Erfahrung, daß die Eisenerze das Glas leicht flüssiger machen. Weiter unten redet auch Plinius von vielerlei gefärbten Glä-
sern. Gemmas multi ex eo faciunt. — Nec
est alia nunc materia sequacior aut etiam pictu-
rae accommodatior. Man muß also die metallischen Gläser nicht für eine neuere Erfindung halten,
da sie vielmehr weit älter als die ungefärbten sind.

§. 45.

Von der cilicischen Erde.

In Cilicien giebt es eine Erdart, welche in Wasser gekocht schlüpfrig und zähe wird. Man bestreicht
damit die Weinstöcke statt des Leimes gegen das Ungeziefer.

Anmerk. Bey dem erwähnten Gebrauche liegt das noch
heute gewöhnliche Verfahren zum Grunde, Bäume
und andre Gewächse mit einer klebrigen Substanz
im Umkreise des Stammes zu bestreichen, damit die
Ameisen, die am Stamme herauf kriechen, daran
kleben bleiben. Ein solcher Leim muß nothwendig
sehr lange feucht und zähe bleiben, wenn er seinen
Zweck erfüllen soll. Nun kenne ich aber keine Erdart, welche in Wasser gekocht, einen solchen Leim
gäbe, als etwan die Bockseife. Außerdem sind
noch zwey Conjecturen möglich.

Dioskorides und Galen beschreiben die Ampelitis, eine schwarze pechartige, zerreibliche Masse, die
nach

nach den angegebnen Kennzeichen zu unserm Erd=
pech paßt. Sie hatte ihren Namen von dem Ge=
brauche, die Weinstöcke gegen das Ungeziefer damit
zu bestreichen. Von ihr sagt Dioskopides lib. 5.
c. 138, daß sie zerrieben in Oel sich auflöse und
eine Flüssigkeit (Firniß) gebe, womit man die Wein=
stöcke anstreiche. Wenn man diese Ampelitis unter
der cilicischen Erde verstehn will, so muß man den
Autor hier eines Schreibfehlers beschuldigen, daß
er Wasser statt Oel gesetzt habe.

Zweytens könnte man annehmen, daß unter der
cilicischen Erde unser Theersand oder irgend eine mit
Bergtheer getränkte Erde, wie die um Baku, zu
verstehen sey, woraus man mit Wasser den Berg=
theer ausgekocht habe, die also nur zum Theil in
Wasser auflöslich gewesen sey.

§. 46.

Dreyerley Erdarten.

Ich könnte nun die Eigenschaften derjenigen Er=
den beschreiben, welche fähig sind zu Stein zu erhär=
ten a), oder diejenigen Erden, welche gleich den
Pflanzen, mancherley kräftige Tinkturen geben b),
aber ich will lieber die Farberden beschreiben, deren
sich die Mahler bedienen.

Anmerk. a) Ohne Zweifel meynt er hier die Puzzolan=
erde und vulkanische Asche (deren Gebrauch die Al=
ten allerdings schon kannten, vergl. Plin. lib. 35.
c. 13.) Kalk und Gyps.

b) Hier sind die zum Arzneygebrauch dienlichen
Erden gemeynt, z. B. die Lemnische Siegelerde
(Dioscorides lib. 5. c. 73.) und a. m. Man zog
entwe=

entweder durch Efflg und Wein die Metalltheile
heraus, oder schlämmte sie wenigstens mit Waſſer
rein, welches er unter den Tinkturen verſteht.

§. 47.
Urſprung der Farberden.

Dieſe entſtehn zum Theil, wie ich ſchon oben geſagt habe, durch Auflöſung und Auslaugung a) gewiſſer Gebirgsarten, zum Theil aber auch, wie es
ſcheint, durch Brennen und Verflüchtigung b), ſo
wie die Sandarak, das Arrenikon und dergl.
Alle dieſe entſtehn überhaupt aus trocknen, rauchartt-
gen Dämpfen c). Man findet dergleichen in den
Gold- Silber- und Kupfergruben, z. B. das Arrenikon, den Sandarak, die Chryſokolla,
Röthel, Ocker und den Kyanus. Den letz-
tern trifft man freylich nur ſelten und in kleinen Par-
thien, dagegen die andern ganze Gänge anfüllen.

Anmerk. a) Nach unſerer Terminologie: durch Ver-
waſchung und Inſiltration, überhaupt auf näſſem
Wege. Er meynt hier die gefärbten Guhren,
wie ſie der Bergmann jetzt nennt.

b) Κατακεκαυμενα heißt hier ſo viel als ſub-
limirt, wie das Folgende zeigt. Auch in andern
Sprachen nennt man Sublimate und Deſtillata ge-
brannt, z. B. vinum uſtum, Branntwein.
Ueberhaupt iſt hier im Gegenſatz des Vorigen die
Entſtehung auf trocknen Wege gemeynt.

c) Das heißt: aus metalliſchen Schwa-
den nach dem Ausdruck unſrer Bergleute. Auch
die Alten hatten alſo, vom Augenſchein geleitet,
einen.

einen deutlichen Begriff von der vulkanischen Bildung der Gangerze, die (nach unserm glücklich gewählten Ausdrucke) angeflogen vorkommen.

§. 48.

Beschreibung derselben.

Der Ocher soll zuweilen in ganzen Lagern vorkommen. Die Röthel, die man zum Portraitmahlen anwendet, kommt überall und in allerley Gestalten vor. Den Ocher wendet man statt des Arrenikon an, weil er ganz dieselbe Farbe a) hat. Man hat auf die Ocher- und Röthelerden hin und wieder eigne Gruben angelegt und gräbt sie z. B. in Kappadozien in großer Menge. Der Bau ist sehr beschwerlich, weil die Gruben oft mit einemmal ersaufen b). Die beste Röthel kommt aus den Ceischen Gruben, denn es giebt mancherley Sorten, als: die auf Eisengruben bricht, die lemnische Erde und die sogenannte Sinopische. Die letztre wird eigentlich in Kappadocien gegraben und über Sinope verhandelt. Man baut nur erst seit kurzem auf sie c).

Anmerk. a) Vergl. §. 38. Anm. c).

b) Wörtlich: ersticken; man könnte es also auch, wiewohl minder wahrscheinlich, von bösen Wettern verstehn.

c) Bestimmt zu sagen, was sein Ocher, Röthel und seine Sinopische Erde gewesen, ist nicht wohl möglich. Bol, Rothstein, rothes Steinmark, Ocher, Gelberde und dergl. sind dahin zu rechnen.

§. 49.

§. 49.
Fortſetzung.

Es giebt drey Arten von der Sinopiſchen Erde. Die eine iſt hochroth, die andre blaßroth und die dritte hält das Mittel zwiſchen beyden. Dieſe nennt man ſelbſtſtändig, weil ſie nicht vermiſcht wird, wie die andern a). Auch bereitet man noch eine vierte, geringere Sorte durch Brennen aus dem Ocker. Dies iſt die Erfindung eines gewiſſen Kydios, welcher bemerkte, daß beym Brande eines Wirthshauſes der glühend gewordne Ocker roth wurde b). Seitdem glüht man den Ocker in Oefen, in neuen Töpfen, die dicht verlutirt werden. Er muß recht anhaltend durchgeglüht werden, denn je heftiger er glüht, deſto höher und brennender wird das Roth. Dieſe Vorſchrift iſt probat c). Das Feuer ſcheint alſo alle dieſe Dinge zu verändern und auf ähnliche Art werden ſie von der Natur hervor gebracht.

Anmerk. a) Die hochrothe und blaßrothe wurden nämlich ſo gemiſcht, daß daraus eine Mittelſorte entſtand.

b) Der Ocker wurde alſo damals ſchon zum Anſtreichen der Häuſer gebraucht, vielleicht aber nur der Wirthshäuſer oder Kneipen, die für den Pöbel aufgeputzt wurden.

<table>
<tr><td>Theophr. von Steinen.</td><td>E</td><td>c) Das</td></tr>
</table>

c) Das Preußische Roth entsteht jetzt eben so.
Vergl. meine Lithurgik I. p. 482.

§. 50.
Vom Kyanus.

Eben so, als mit der Röthel, verhält es sich auch
mit dem Kyanus, der theils natürlich ist, theils
künstlich bereitet wird, wie in Aegypten. Es giebt
drey Arten vom Kyanus, den ägyptischen, scythi-
schen und cyprischen. Der ägyptische dient zu
den lebhaftern Reibfarben, der scythische zu den
lässern. Jener ist ein Kunstprodukt und die Ge-
schichtschreiber der ägyptischen Könige erwähnen auch,
welcher König den natürlichen Kyanus zuerst künstlich nachgeahmt habe, daß man auch von Phönizien
dergleichen zum Geschenk erhalten habe, der theils
ungebrannt, theils gebrannt gewesen. Die Farben-
reiber sagen aber, daß der Kyanus viererley Farben
gebe. Die Farbe werde um so heller, je feiner; um
so dunkler, je gröber man ihn abreibt.

Anmerk. Der Kyanus, von dem schon oben §. 33. die
Rede war, begreift hier den Lasurstein, Kupfer-
blüthe und Kupferblau unter sich. Der ägyptische
hochblaue, präparirte Kyanus ist aber entweder unser Ultramarin, oder eine dunkle Smalte.
Das Indicum des Plinius (lib. 35. c. 6.) und
Dioskorides (lib. 5. c. 67.) möchte wohl auch hierher gehören.

§. 51.

§. 51.

Vom Bleyweiß.

Desgleichen ist auch das Bleyweiß ein Kunſt-
produkt. Man ſtellt nämlich Bley über Eſſig in
Krügen auf, und wenn es eine dicke Rinde bekommen
hat, welches gemeiniglich in zehn Tagen geſchieht, ſo
öffnet man die Krüge, ſchabt den Roſt ab und ſetzt
das Bley immer wieder ein, bis es ganz zerfreſſen
iſt. Das Abgeſchabte wird nun durch einen Durch-
ſchlag gerieben und anhaltend gekocht a). Was
dann endlich übrig bleibt, iſt Bleyweiß b).

Anmerk. a) Εφθυσιν muß durch „kochen‟, nicht
durch „Glühen‟ überſetzt werden, denn durch Glühen würde das Bleyweiß in Mennig verwandelt
worden ſeyn, wie Plinius lib. 34. c. 18. und lib.
35. c. 6. ſagt. Am erſtern Orte überſetzt er unſre
Stelle durch: Quod deraſum eſt, teritur et cri-
bratur, et coquitur in patinis. — Εφθοω heißt
auch ſonſt kochen, daher εφθοπαλειον, die Gar-
küche, und εφθοπωλης der Garkoch. Wahr-
ſcheinlich kochte man das Abgeſchabte in Eſſig, um
die anhängenden Metallreſte vollends zu oxydiren.

b) Unſre Bleyweißfabrikation iſt ganz dieſelbe;
nur daß man die Wärme künſtlich erhöhen muß, die
der Grieche bey ſeinem Clima vollkommen hinrei-
chend fand.

E 2

§. 52.
Vom Grünspan.

Auf ähnliche Weise entsteht auch der Grünspan. Man setzt nämlich rothes Kupfer mit Wein-
trestern a) an und schabt es ab, wenn es beschlagen
ist b).

Anmerk. a) Τρυξ ist die ganze Masse ausgepreßter
Trauben, also Hülsen, Kämme, Kerne und Most-
theile, so wie man sie noch jetzt nach Montets Angabe um Montpellier zur Grünspanfabrikation anwendet.

b) Von der eben erwähnten neuern Fabrikation
unterscheidet sich die alte dadurch, daß man das
Kupfer nur in den gährenden Trestern zerfressen ließ
und dann schabte, statt, daß man jetzt die Kupfer-
platten, wenn sie aus den Trestern herausgenom-
men worden sind, im Keller aufschichtet, mit Wasser besprengt und nachrosten läßt, wodurch man
eben ein reineres Grün erhält. Der Grünspan der
Alten war mit weinsaurem Kupfer vermischt und
daher bläulich, weshalb er den Namen Ios erhielt,
welcher ursprünglich viola bedeutet, also eine blaue
Farbe anzeigt. Aus Plinius lib. 34. c. 11. er-
sieht man, daß der aerugo der Römer vom Ios der
Griechen nicht verschieden war, denn er giebt die
künstliche Bereitung desselben eben so an, wiewohl
er noch von andern Bereitungsarten spricht.

§. 53.

§. 53.

Vom Zinnober.

Auch der Zinnober ist theils natürlich, theils künstlich. Natürlich kommt er in Spanien und Kolchis als eine harte und steinichte Masse vor. Er hängt daselbst hoch an Felsen und wird von Schützen mit Steinwürfen heruntergeholt. Der präparirte kommt von einem einzigen Orte über Ephes in geringer Menge zu uns. Es ist ein feiner Sand von der glänzendrothen Farbe des Kokkos a). Man reibt ihn gewöhnlich in steinernen Gefäßen und wäscht ihn, wenn er feingerieben ist, in kleinen niedlichen Kupferschaalen. Der Bodensatz wird wiederholt gerieben und gewaschen. Diese Arbeit erfordert viel Geschicklichkeit, denn aus einer und derselben Menge Sand ziehen Einige viel Farbe, andre wenig oder gar nichts b). Man muß den Sand beym Feinreiben von Zeit zu Zeit anfeuchten, und vorher muß man ihn flüchtig waschen, wobey sich der Zinnober am ersten zu Boden setzt, der taube Sand aber wegen seiner Leichtigkeit vom Wasser fortgespühlt wird. Ein gewisser Kallias aus Athen, der bey den Silberbergwerken angestellt war, soll diese Bereitungsart zuerst erfunden und bekannt gemacht haben. Er glaubte, daß der Sand Gold enthalte, weil er metallisch glänzte. Daher sammlete und schlämmte er ihn. Gold

                                    fand

fand er zwar nicht; aber da er die schöne Farbe bewunderte, so erfand er jenes Kunststück. Das ist nur erst etwa neunzig Jahre her, da Praxibulus zu Athen herrschte c).

Anmerk. a) Κοκκος, ohne Zweifel unser Kermes, coccus ilicis. cf. Discoridem lib. 4. cap. 43. Plin. lib. 27. cap. 9.

b) Weil die Farbe verstiebt, wenn sie trocken feingerieben wird.

c) Aus dieser Beschreibung und dem folgenden §. der auf die Bestandtheile schließen läßt, erhellt deutlich genug, daß der κιννάβαρις des Theophrast unser Zinnober sey. Zugleich finden wir hier die früheste Spur von der Auffindung der Quecksilbergruben zu Almaden in Spanien.

Plinius nennt den Zinnober minium lib. 33. cap. 7. Unsre Mennig heißt dagegen bey ihm lib. 34. cap. 18. Sandaracha. Vergl. §. 38. Anmerk. d).

§. 54.

Vom Quecksilber.

Man sieht aus diesen Beyspielen, daß die Kunst der Natur nachahmt und manches Sonderbare schaffet, bald zum Nutzen, bald zur Zierde, wie die Farben,

ben, bald zu beyden, wie das Queckſilber a),
welches zu beyden hin und wieder gebraucht wird.
Man bereitet es, indem man Zinnober mit Eſſig in
einem ehernen b) Mörſer mit ehernem Piſtill anreibt.
Ich könnte noch viele dergleichen Kunſtprodukte beſchreiben, aber es ſind noch einige merkwürdige Erd-
arten zu beſchreiben übrig.

Anmerk.   a) Χυτον αργυρον, flüſſiges Silber, argen-
tum vivum.   Quickſilber hat denſelben Sinn.

b) Hier iſt von einer Zerſetzung des Zinnobers
auf naſſem Wege die Rede, welche den neuern Che-
mikern ganz unbekannt zu ſeyn ſcheint, denn ſogar
die Zerſetzung des Zinnobers durch Reiben mit Aetz-
lauge, die Baume (Experiment. Chem. Tom. II.
Seit. 518) behauptete, hat Andern nicht gelingen
wollen.   Sie wird übrigens nicht von Theophraſt
allein, ſondern auch von Plinius lib. 33. c. 8. erwähnt.   Dioskorides lib. 5. c. 70. erzählt nur die
Scheidung des Queckſilbers auf trocknem Wege,
mittelſt des Eiſens, aus dem Zinnober.

Das „ehern“ heißt im Terte χαλκος und beym
Plinius aereus.   Es kann Kupfer oder Bronce bedeuten.   In beyden und auch in eiſernen Gefäßen
habe ich den Verſuch gemacht, aber bis jetzt ohne
den mindeſten Erfolg.

E 4   §. 55.

§. 55.

Erdarten.

Diese Erden verdanken, wie ich schon gesagt habe, ihren Ursprung einem gewissen Zusammenflusse, vorzüglich reiner und gleichartiger Stoffe a). Sie nehmen allerley Farben an, theils von den Gebirgs- arten, in denen sie brechen, theils von denen, aus welchen sie entstehn. Einige von ihnen erweicht, an- dere schmelzt, noch andere reibt man zu Farben an, und wieder andere braucht man zur Zusammen- setzung der Steinmassen, die aus Asien gebracht werden b).

Anmerk. a) Oben §. 2. wurde dieß von den edlen Steinarten gesagt, auf die es auch besser als auf die farbigen Guhren paßt, von denen hier zunächst die Rede war.

b) Das kann bedeuten: 1) zu Mörtel für Wer- ke der schönen Baukunst; 2) um daraus falsche Edelsteine zu schmelzen: 3) zu Färbung der Ring- kasten als Folie. Ich wage keins, weil ich nir- gends etwas finde, was zur Erklärung der Stei- ne aus Asien dient.

§. 56.

§. 56.

Melische Erde.

Die natürlichen Erden, welche noch vorzüglichen Nutzen haben, sind etwa drey oder vier, die Me= lische, Cimolische a), Samische und die Tymphälsche Erde, oder der Gyps. Die Me= lische Erde b) wird nur allein zum Schreiben an= gewendet, nicht die Samische c), wiewohl sie auch schön ist, denn diese ist zu fett, zähe und glatt. Zum Schreiben gehört nämlich eine lockre Substanz, deren Strich fest sitzt, die rauch und nicht zäh ist, so wie eben die Melische Erde beschaffen ist. Doch giebt es sowohl auf Melos, als auch auf Samos ver= schiedne Abänderungen von diesen Erden.

Anmerk. a) Die cimolische Erde wird nicht weiter be= schrieben, ist aber aus Plinius lib. 32. c. 17. und neuern Beobachtungen bekannt. Nach Sonnini (Mag. d. Reisen Bd. 24. p. 190) ist es eine fette, salzige Thonart vom Seeufer der Insel Kimoli, die mit kaltem Wasser wie Seife schäumt und noch jetzt zum Waschen gebraucht wird.

b) Diese Melische Erde kennt Plinius nicht, wie es scheint, denn sein alumen Melinum, lib. 32. c. 15. ist eine ganz andre Substanz. Dioskorides lib. 5. c. 137. beschreibt eine terra Melia folgendermaßen: Melia colore cineream Eritream imitatur,

aspera

aspera tactu. Ea digitis friata, derafi pumicis modo crepitat, etc. Diese Melische Erde des Dioskorides gehört auch nicht hierher, sondern ist jener zerreibliche Bimsstein von Melos, welchen Theophrast schon oben §. 14 und 20. erwähnt hat. Mit Bimsstein kann man aber unmöglich schreiben. Das hier beschriebene Fossil ist ohne Zweifel unsre Kreide, welche mit der creta des Plinius nicht verwechselt werden muß, als worunter er mehrere Thonarten versteht.

c) Die Samische Erde ist sowohl der Beschreibung als dem im folgenden §. angegebnen Vorkommen nach ein weißes Steinmark. Damit stimmt auch die Samia terra des Dioskorides lib. 5. c. 129. überein: Samia praefertur candida, levis, tangenti linguae glutinis modo adhaerescens, mollis, succosa, friabilis etc. Ebendesselben lapis Samius ist aber verhärtetes Steinmark.

§. 57.

Samische Erde.

In den Samischen Gruben kann der Bergmann nicht aufrecht stehn, sondern muß auf dem Rücken oder auf der Seite liegen, denn der Gang, welcher sehr weit streicht, ist nur zwey Fuß mächtig und im Seigerdurchschnitt nicht viel weiter a). Die Erde ist überall mit festem Gestein eingeschlossen, aus welchem sie herausgeklaubt werden muß. In der Mitte hat

hat der Gang eine Kluft und da ist die Erde am fein-
sten. Von dieser Kluft an brechen auf beyden Seiten vier b) verschiedne Lagen Erde hinter einander und
die letztere wird After genannt. Man benutzt diese
Erde zum Waschen der Kleider, aber noch gebräuch-
licher ist dazu die Tymphäische Erde, welche
die Einwohner in und um Tymphäa Gyps nennen.

Anmerk. a) Wörtlich: zwey Fuß hoch und wenig weiter. Ich habe es übersetzt, wie es verstanden werden muß, da hier von Krummhälserarbeit die Rede
ist. Der Gang hatte wenig Fallen, sonst würde
der Seigerdurchschnitt doch größer und der Sitz des
Arbeiters also bequemer gewesen seyn — denn daß
hier von einem Gange und nicht von einem Flötzla-
ger die Rede sey, beweiset 1) die Kluft in der
Mitte, 2) die homogenen Gangarten zu beyden
Seiten der Kluft und 3) das feste Gestein zu beyden Seiten.

b) Nämlich auf jeder Seite zwey Lagen und also
im Ganzen zwey Sorten. Die äußre Lage, welche
gleichsam das Salband des Ganges ausmachte,
wurde After genannt, aber die innere, feinere nannte man nach Plinius lib. 32. c. 16. Syropicon,
und nach Dioscorides lib. 5. c. 129. Collyrion.
Das Collyrium des Plinius lib. 21. c. 20. stimmt
damit gar nicht überein; wohl aber das κολλυριον
andrer griechischen Schriftsteller, wo es eine weiße

Erde

Erde bedeutet, die man als Radirpulver brauchte,
um Schriften auszulöschen, welches Kunststück ge-
misbraucht ward, Dokumente zu verfälschen.

§. 58.
Vom gebrannten Kalk.

Der meiste Gyps a) bricht auf Cypern als ein
durchsichtiger Stein, doch finden da die Gräber nur
wenig auf einmal.   In Phönizien und Syrien macht
man Gyps, indem man gewisse Steine brennt, so
wie auch im Tyrischen, wo es ebenfalls dergleichen
giebt.   Außerdem kommt der Gyps auch bey Tymphäa und Perräbia und an noch mehrern Orten vor.
Das Merkwürdigste ist, daß er von Natur mehr
Stein als Erde ist.   Der Stein ist dem Alabastrit ähnlich b).   Man bricht ihn nicht in ganzen Massen, sondern einzeln.   Wunderbar ist die
Schlüpfrigkeit und Erhitzung des Gypses, wenn er
angefeuchtet wird.

Anmerk.   a) Nur in diesem letzten Kapitel läßt sich
    Theophrast eine Verwechselung aus Unkenntniß zu
    Schulden kommen; denn was er hier Gyps nennt,
    dessen Gebrauch er ferner beschreibt, ist auf jeden
    Fall unser Kalk, denn der Gyps erhitzt sich bekannt-
    lich nicht merklich mit dem Wasser.   Gleichwohl
    paßt auch manches von seinen Angaben nur auf den
                                        Gyps,

Gyps, den man also zu seiner Zeit wohl nicht gehörig vom Kalke unterschieden haben muß.   Doch unterscheiden sie Dioskorides und Plinius gehörig.
Dioskorides nennt (lib. 5. c. 91.) den Kalk
ασβεστος, von dem er sagt, daß er aus Seemuscheln
oder schlechtem Marmor gebrannt werde.   Den
Gyps erwähnt er im 92ten Kapitel, als mechani-
sches Gift.   Plinius beschreibt den Kalk lib. 36.
c. 23. und den Gyps cap. 24.; begeht aber den
Fehler, daß er nach seiner Gewohnheit, den Theophrast abzuschreiben, alles, was dieser fälschlich vom
Gypse sagt, bona fide nachsagt.

b) Dieser in einzelnen Stücken vorkommende
Alabastrit und der zu Anfang genannte durchsichtige
Stein ist wohl nichts anders als unser Gypsspath,
den Plinius lib. 36. cap. 24. lapis specularis
nennt.   Dies bezieht sich also wirklich auf den Gyps.

§. 59.

Vom Gebrauche desselben.

Man braucht ihn beym Bauen, um die Mauer-
steine damit einzufüttern, oder wenn sonst etwas be-
festigt werden soll.   Man zerstampft ihn, schüttet
Wasser darauf und rührt ihn mit Stecken um, denn
mit der Hand kann man das wegen der Hitze nicht.
Man löscht ihn erst kurz vor dem Gebrauche; denn
wenn er gelöscht stehn bleibt, so wird er in kurzer

Zeit

Zeit steinhart, daß man ihn nicht wieder trennen kann a). Er dient zur Befestigung, wenn die Wände Sprünge bekommen oder durch Abfallen des Sandes Schaden leiden. Oft fällt ein Stein heraus und der über ihm liegende bleibt fest, wenn er gehörig in Mörtel gelegt war. Wenn man den alten Mörtel abreißt, so kann er durch Brennen immer wieder brauchbar gemacht werden. In Cypern und Phönizien braucht man ihn vorzüglich zum Mauren, in Italien aber zu innerlichen Verzierungen der Häuser b). Auch die Mahler brauchen eine Art von Gyps zu ihrer Kunst c), desgleichen die Wäscher, welche die Kleider damit besprengen d). Besonders scheint eine Abart desselben sich zu Abdrücken e) zu schicken, wozu man diese wegen ihrer Feinheit und Glätte häufig anwendet, besonders in Griechenland.

Anmerk. a) Dies trift mehr den Gyps, als den Kalk, denn dieser muß zum Aufbewahren bekanntlich gelöscht werden, wenn er nicht durch Absorbtion des kohlensauren Gases verderben soll. Freylich muß man ihn mit vielem Wasser löschen.

b) Das Vorhergehende gieng auf den Kalk, aber hier ist die alte Stukkaturarbeit aus Gyps gemeynt.

c) Auch dies trift den Gyps, wenn es nicht auf die Freskomahlerey geht.

d) Dieses

d) Dieses gilt nur vom gebrannten Kalke,

e) und dies nur vom Gyps.

§. 60.
Beschluß.

Das sind ohngefähr die Eigenschaften des Gypses. Er scheint die zusammengesetzte Natur der Asche a) und der Erde zu besitzen, die Hitze nämlich von der Asche, und die Härte von der Erde, die erstere aber in höherm Grade, woraus man sieht, daß er feurig ist. Daher verbrannte einst ein Schiff, welches mit Kleidern beladen war; denn sobald sie naß wurden, entzündeten sie sich von selbst. Man brennt sie in Phönizien und Syrien in Oefen, vorzüglich aus dichten, marmorartigen Steinen b) und man sucht dazu die härtesten aus, weil sie sich besser brennen, denn sie erhitzen sich mehr und dauren hernach länger. Wenn der Stein gebrannt ist, stampft man ihn so fein wie Asche. Man sieht aber aus alle dem, daß er eine feurige Entstehung haben muß.

Anmerk. a) Κονια geben die lateinischen Uibersetzer durch calx, gebrannter Kalk; ich setze dafür: Asche, weil es der Context so erfordert. Dies ist auch die eigentliche Bedeutung des Worts, und den Kalk nannten die Griechen nur per Metaphoram κονια, weil er, wie Theophrast sagt, wie Asche fein gestampft verkauft wurde, Theophrast handelt hier offenbar

offenbar vom Kalk, den er also nicht mit dem Kalke, wohl aber mit der Asche vergleichen konnte. Buchstäblich genommen, schreibt er dem Gypse mehr Hitze zu, als der κονια, welches auch auf den Kalk gedeutet werden könnte, der bekanntlich sich allein erhitzt, nicht der Gyps. Ist aber sein Gyps unser Kalk, so findet der Vergleich mit der Asche allerdings statt, welche, wenn sie kalireich und ausgeglüht ist, einen hitzigen und scharfen Geschmack besitzt, der doch dem des Kalks noch nicht beykommt. Was Theophrast hier κονια nennt, das nennt Dioskorides lib. 5. cap. 93. Τεφρα κλιματιν.

b) Vergl. §. 58. und Anm. a) Plinius lib. 36. cap. 24.

Register

über die

im Theophrast vorkommenden Steinarten
der Alten.

Carchedo

Lydius,

Thebai